ヒューマン
フィールドワークス

自己責任の罠を抜けだし、私の人生を取り戻す

アダルト・チルドレン

Adult Children of Alcoholics

Nobuta Sayoko
信田さよ子

学芸みらい社
GAKUGEI MIRAISHA

まえがき

本書は一九九六年に三五館から出版された『「アダルト・チルドレン」完全理解――一人ひとり楽にいこう』と、その翌年に同社から出版された『コントロール・ドラマ――それは「アダルト・チルドレン」を解くカギ』を基礎にしています。五〇歳にして人生で初めて書いた二冊ですから、私にとってほんとうに忘れられない本なのです。

おまけに、その二冊は一九九六年から一九九七年にかけてのいわゆる「ACブーム」が起きるきっかけとなり、多くの人たちが「私はアダルト・チルドレンでは」と気づいたり、カウンセリングに訪れるという事態が起きました。

早いものでそれから二五年が経ちました。当時予想されたような一時の流行り言葉としてでなく、アダルト・チルドレン（以下AC）はちゃんと日本に定着し、多くの人たちに共有される言葉として位置づけられて今に至っています。そのことは、何よりうれしいことです。

しかし共有され拡散していくことで、多くの言葉は、当初の意味から逸れたり、思いもかけない意味が付け加えられて変貌していくのが常なのです。ACも例外ではありません。そのこと自体を批判する権利は私にはありませんが、やはりこの言葉に込められたいくつかの大きな意味について、私なりに、今の私の言葉できちんと書いておく必要があるのではないか。大げさかもしれませんが、それが私の義務ではないかとさえ考えたのです。

また一九九六年当時は、日本でDV（ドメスティック・バイオレンス）という言葉が使われ始めたばかりでした。特にアルコール依存症者の妻たちに対して、彼女たちは、酔った夫からの激しい暴力被害を受けていたにもかかわらず、共依存（コ・ディペンデンシー）というラベルを貼ることの問題点を私自身それほど自覚していませんでした。二〇〇〇年代に入ってからDV防止法が成立し（二〇〇一年）、暴力被害と「共依存」について新たに考えを深めることで、妻たちを共依存というひとことで片づけることを禁じたのです。本書ではその点に関しても書き直しています。

このように、二五年間の私の変化（反省、深化、進歩）が、本書を新しく出版する最大のモチベーションとなったのです。

思えば、阪神・淡路大震災や地下鉄サリン事件が起きた翌年に出版されたわけですから、それからはるかにときは流れ、元号も令和となりました。幸い、後期高齢者となった私はまだまだ元気でこうして原稿を書きつづけています。しかし、この機会を逃したらACについてきちんと伝えるチャンスはもうないかもしれない、そう思いました。そんな私の意図を汲んでいただいた学芸みらい社によって、本書は刊行されることになりました。

ACという言葉は、私たちに何を与えてくれるのでしょうか。

仕事がうまくいかない、働き方が行き詰まっている、対人関係がどうしても長つづきしない、家族の問題にふりまわされている……このような事態に対して、「やっぱり自分の努力が足りない」「自分を愛せないからだ」「自己肯定感が足りない」「自分の考え方がマイナス思考だからだ」ととらえてはいませんか。

これらは、つきつめれば自分にすべて返ってくる、まるでブーメランのように自分を責めることになっているのに気づかれるでしょう。それを**「自己責任」の罠**と呼びたいと思います。

「あなたが自分で選んだんだから、あなたの責任だ」、いわゆる自己選択・自己責任というループは、まるで悪魔の言葉のようです。

いつからそんなに私たちは「すべて自分のせいだ」と考えるようになったのでしょう。親も、顔も、性別も、名前すら選ぶことのできなかった私たちが、本当に引き受けるべきなのは、何でしょう。

もっとも身近な存在、あなたたちをこの世に生み出した親の責任はどこまでなのかを、自分なりにきっちりととらえる必要があります。あなたの責任ではないことについてまで、あなたは自分を責めることはありません。

ACという言葉は、親からの、そして自己選択・自己責任の罠からの解放を目指します。

そしてもうひとつ、私たちがどれほど親からの影響を受けているかということを、ちゃんと見直す必要があることをACという言葉は教えてくれます。

実際は影響を受けているのに、それをないことにすること（否認）は、危険なことでもあります。もう卒業した、自分はそんなに弱くない、親を許した、と誇らしげに言う人ほど、親と同じことを言ったりやったりしがちなのです。世代間連鎖は、このように親から影響を受けた、もしくは親から被害を受けたことを認めようとしないことから生まれます。生育歴を振り返り、過去を見つめることで、初めて私たちは親とは違う人生を前向きに歩むことができるのです。

本書によって、ＡＣについての理解がさらに深まりますように、また新しくＡＣという言葉に触れた方の人生のとらえ方が、より生きやすく変わりますように、と願っています。

また本書は、一九九六年／一九九七年のままの部分と大きく書き直した部分から成り立っています。あとがきでは、そのあたりの構成に関してくわしく述べていますので、どうか、あとがきも含めて最後まで通読していただきたいと思っています。

自己責任の罠を抜けだし、私の人生を取り戻す

アダルト・チルドレン

Adult Children of Alcoholics

目次

第3章 アダルト・チルドレンという人たち 61

第10章 そして、今 パンデミックのなかで

自己責任の罠を抜けだし、私の人生を取り戻す

アダルト・チルドレン

Adult Children of Alcoholics

第1章
待たれていた言葉、アダルト・チルドレン

1　アダルト・チルドレンという概念の歴史——アメリカでの誕生から

アダルト・チルドレンとは

アダルト・チルドレン＝ACという言葉の発生に至る背景と、ACという言葉がいったいどういう意味をもちつつあるのかをこの章では説明しておきましょう。

まず、アダルト・チルドレンとは何だろうか、ということから入ります。語源はアダルト・チルドレン・オブ・アルコホリックス（Adult Children of Alcoholics＝ACOA）と言って、アルコホリックスのチャイルド、アルコホリックスのチルドレンということです。つまり、アルコール依存症である親のもとに生まれて成長し、アダルト（大人）になった人、という意味です。強調すべきはアダルトなのであって、チルドレンという言葉ではありません。つまり、チルドレン・オブ・アルコホリックスとして育ち、アダルト（大人）になった人がACだと解釈できます。

アメリカでは厳密にアルコホリックスだけを指しますので、ギャンブル依存や薬物依存の親といった場合はACと呼びません。今でもACに関して、アメリカではACOAだけを指しているようです。

ベトナム戦争の影響

今から四〇年前、一九七〇年代末のアメリカに戻りましょう。当時のアメリカは史上初の敗戦による衝撃が大きかった時代でした。アメリカ大統領選挙にまつわるニュースが日本でも大きくとりあげられるように、アメリカの動向は日本を左右するほど大きいのが事実です。それはなぜでしょう。こんなに地図上でも遠く離れた日本とアメリカですが、すべては一九四五年、第二次世界大戦の敗戦に始まります。もうご存じない方も多いでしょうが、戦後しばらく、日本は戦勝国であるアメリカに占領されていたのです。私も幼いころ「占領軍」という言葉をよく聞かされたものです。

何をお伝えしたかったかといえば、アメリカは、国内での争い（南北戦争、独立戦争）は別として、戦争に負けたことがない国なのです。もちろん他国に占領などされたことはありません。しかしたったひとつの例外があります。一九六五年から介入が始まり一九七五年に終息したベトナム戦争です。

アメリカはベトナムという東アジアの小国に膨大な軍事費を投入して、北ベトナムを攻撃しました。現在の朝鮮半島が南北に分断されていることはみなさんご存じかと思いますが、ベトナムも同じく北ベトナムと南ベトナムに分かれていました。北は共産主義国として、当時のソビエト連邦（今のロシア）や中国の支援を受けていました。アメリカがなぜそこまで戦ったかといえば、ベトナムが共産主義化することを恐れたからです。

当時の世界は米国とソ連の対立による冷戦の真っただ中でした。南北ベトナムを巡る状況は、まさに冷戦構造そのものを表していました。社会主義に勝利するためには、アメリカはどうやってでも北ベトナムを攻撃しなければならなかったのです。このことは日本にも大きな意味をもっています。沖縄をはじめとして今に至るまで日本各地に存在する膨大な米軍基地は、ベトナム戦争における死傷兵が搬送されたり、戦闘の中継基地として不可欠な存在だったのです。

膨大な軍事費を投入したにもかかわらず、東洋の小国である北ベトナムに勝利を収められなかったことは、アメリカにとっての事実上の敗戦を意味しました。また一〇年以上の長きにわたる戦闘は膨大な数の死者および帰還兵を生み出し、身体的損傷のみならず、彼らの精神的な「戦争トラウマ」がさまざまな形でアメリカの家族や精神科医療に深い影響を与えることになりました。このことがACという言葉の誕生のひとつの背景となっています。

影響は二つ挙げることができます。

一．戦争でトラウマを負った多くの兵士たちは、家庭で妻や子どもたちに暴力をふるいました。精神的被害を受けた人が新たな加害者（暴力の）になるという、とても残酷な現実がアメリカの家族で展開されました。これが一九八〇年代初頭のアメリカにおけるＤＶや虐待対策の変更をもたらしたのです。日本の刑法の基本は今でも明治憲法のままで、「法は家庭に入らず」を原則とし、ＤＶや虐待が起きていても、被害者が逃げることしかできません。加害者逮捕は不可能だからです。しかしアメリカは増加する家族の暴力に対して「法が家庭に入る」ことを許し、一九八〇年代初頭にはＤＶや虐待加害者に対する迅速な逮捕・拘留・裁判のシステムを確立しました。これらはベトナム戦争の副次的影響だと言えるでしょう。

二．帰還兵たちは、このように家族に対して暴力をふるうだけではありませんでした。帰還後に出現したベトナム戦争のトラウマの苦しみを緩和させるためにアルコールや薬物を摂取して依存症になっていったのです。もっとも手近な依存対象がアルコールであることは間違いありません。ベトナム戦争だけでなく、多くの戦争の置き土産が膨大な数のアルコールや薬物依存症者であることは、第二次世界大戦をはじめとして、数々の歴史が証明しています。増大するアルコール・薬物問題に伴って、アルコール依存症の治療も発展していったのです。

アメリカの医療保険制度

民主党のオバマ政権のひとつの公約が、オバマケアと呼ばれる、日本のような国民皆保険制度の復活でした。日本で生きる人たちは、誰もが健康保険に加入していることが当たり前と考えています。しかし健康保険の制度は各国で大きく異なるのが現状です。アメリカで暮らした人が驚くのが、病気になると自動的に保険診療ができるわけではないという事実です。まず自費で支払い、その後、保険会社の査定を経て保険会社から払い戻しがあるというシステムなのです。

コロナ感染拡大で、あのアメリカが世界最多の死者を出していること（二〇二一年二月時点）に驚く方も多いでしょうが、上述のような保険制度を知るとうなずけるでしょう。つまりめったなことで医者にかかることはできないのです。コロナ感染もそのような状況では見逃されたり、重症化して救急車で搬送されるまで放置されることも多いでしょう。そのぶん自由にドラッグストアで薬が購入できますので、自助努力で病気を治そうとするのが当たり前なのです。

このようなアメリカの制度は、公的保険ではなく私的保険会社によって成り立っています。ベトナム戦争後のアルコール・薬物依存症の増加によって、私的保険会社の多くはアルコール依存症を保険の対象として加えました。このことが依存症（アディクション）が「もうかる」「利益を生む」ことにつながり、医療の外部においても安価に依存症の援助・ケアができる道を開いたのです。

たとえば看護師、心理職、ソーシャルワーカー、保健師などが、狭義の医療の枠を超えて、地域（コミュニティ）におけるアルコール依存症の問題に関わり、開業することになりました。

病院は本人しか入院できませんし、本人しか受診できません。ところがコミュニティにおけるアルコール問題は、家族から始まります。のちに述べるように、本人は問題ない、アルコール依存症なんかじゃないと考えていても、周囲の家族は困り果てています。そのことに七〇年代末のアメリカにおける専門家（医師以外の）たちは気づいたのです。一般的には「コ・メディカル」とその人たちを呼びます。

日本の場合、国民皆保険という制度によって守られる部分はもちろん大きいのですが、特に精神科領域においては、周囲の家族のケア、教育という点で現在の医療保険ではカバーしきれません。私たちのような開業心理相談機関を例にとったとしても、保険診療の一〇倍以上である「自費」並みの、いわゆる高額なカウンセリング料金が必要となります。つまり、医師を頂点とする医療システムの傘下に入らないと、安価な援助は不可能だということを表しています。このことは、現在の医療保険制度のデメリットを表しているのではないでしょうか。私的保険会社とカウンセリング機関とが契約をし、保険プランのなかにそれを組み込むことで安価なカウンセリングを利用できるという道が必要ではないでしょうか。

ACという言葉も、このような私的保険会社によるアルコール依存症の家族へのケアの一環として広がったと考えられます。共依存という言葉も同様です。病気かどうかと医師が判断するのではなく、私的保険会社がアルコール依存症や薬物依存症の本人や家族を保険適用の対象とすることで、AC、共依存といった言葉が広がり、援助の対象となったのです。

このように、アメリカの医療保険制度は、日本のそれとは決定的に異なる背景をもつことを理解していただきたいと思います。

家族への注目

病気かどうかを問わないということは、病気の本人か家族かという区分をしないことを意味します。日本では本人にしか保険が適用されないことは当たり前です。そして家族はあくまでも本人の治療の協力者の位置に留めおかれます。

しかし私的保険の対象としてアルコール依存症を見たとき、本人だけでなく妻、そして子どもも保険対象となったほうが、保険会社の利益は増大します。アルコール依存症は後で述べるように、飲んでいる本人より、家族がまず苦しみ、深い影響を受けるというしくみが特徴です。そうなると、飲んでいる本人よりも家族の相談支援が保険対象となることで、他の精神的疾病（たとえば統合失調症やうつ病）よりも、はるかに対象が広がります。

依存症者、共依存、アダルト・チルドレンといった言葉が生み出されたのは、もちろん援助者や当事者である人たちの要請もあったでしょうが、このような医療経済的背景に後押しされたことも重要なポイントです。

2　ＡＣ概念の歴史――日本への導入

アルコール依存症治療の転換

それでは、日本のアルコール医療の歴史を振り返ってみましょう。

長くなりますので簡単にまとめてみると、一九八〇年代のさまざまな動きが背景となっています。アメリカとは異なりますが、八〇年代には、精神科病院中心の治療体制に対して、地域精神保健（保健所や福祉事務所、開業相談機関など）への注目が高まりました。おそらくアメリカの依存症治療の動向から大きな影響を受けた精神科医たちがいたのでしょう。その人たちが、依存症の本人から「家族」へと注目の対象を広げたのです。アルコール依存症者の妻たちに介入することで、本人を治療につなげるという「初期介入」がソーシャルワーカーを中心として実践されるようになったのです。しかしこのような妻への注目が、そのまま子どもに向けられたわけではありません。それから一〇年を経て、一九八九年にやっと子どもにまで専門家の目が向けられるようになりました。

一九八四年、当時は東京都精神医学総合研究所に所属していた精神科医の斎藤学がバックアップし、ソーシャルワーカー主体の民間相談機関が設立されました。嗜癖《しへき》問題臨床研究所付属原宿相談室という長々しい名前ですが、略してＣＩＡＰ（シアップ）原宿相談室と呼ばれました。日本で初めて「嗜癖」（アディクション）問題の本格的な相談・援助がなされるようになったのです。私はソーシャルワーカーではありませんが、斎藤学からの誘いで原宿相談室に勤務するようになりました。

アルコール問題は、飲酒する本人だけを見て、本人の飲酒をやめさせようとして説教しているだけでは無駄だということがわかったのです。大切なことは周囲の家族への対応であり、まずその家族を救わなければならない。この発想の転換が、わが国のアルコール医療にとっては大きな転機となりました。

飲んでいる本人は気持ちがいいものです。そして、飲んでいるときにやめさせようとする人は、飲んでいる人にとっては敵になります。「どうして酒を飲むの？」と言うのはまったく無駄であるばかりか、やめさせようとする人自身も傷つきますので、家族のごたごたがさらに大きくなります。それよりも、「夫が飲酒をやめないので困っている」という人が援助対象になればいいわけです。

困っている人こそがクライエント――これが、私たちのアルコール問題の対処の基本でした。これを基本にして、家族に対してまず介入をしていくことになったのです。

原宿相談室ができた翌年には、市民団体であるＡＳＫ（アルコール問題全国市民協会）ができました。医療の外側で起きたこの動きは、アルコール依存症を精神科の疾病としてだけでなく、家族全体を巻き込む病としてとらえる動きと連動していたものです。その根本には、アルコール依存症とは、「関係性」による影響が強いものだという認識がありました。

アルコール問題についての社会の認識を変えることが第一次予防と言われるもので、ＡＳＫはそれを柱としていました。一般市民を巻き込んだ「アルコール問題の一次予防」をターゲットとし、機関誌である『季刊アルコール・シンドローム』という雑誌も発刊され、現在は『季刊Be！』としてずっと刊行されつづけています。

また、社会に対してアルコールの害や危険性をアピールし、若者たちのイッキ飲みの無謀さを説き、「お酒とはいいもんだよ」と宣伝するコマーシャルの害をとりあげたりしてきました。本書をお読みになっている方は、日本が世界で唯一、アルコールの自動販売機がある国だということをご存じないでしょう。今では清涼飲料水がメインとなっていますが、酒類の自販機を撤退させるのに、ＡＳＫは大きな役割を果たしてきました。テレビでは当たり前にビールやハイボールのＣＭが流れていますが、いわゆるゴールデンタイムにお酒（ビールだって酒類です）のＣＭがこれほどガンガン流される国も日本だけではないでしょうか。

『私は親のようにならない』の出版

このような動きのなかで、一九八九年秋に、東京都精神医学総合研究所主催の〝アルコール依存症と家族〟というテーマの国際シンポジウムが開催されました。シンポジストのなかには、『私は親のようにならない』の著者であるクラウディア・ブラックが唯一の女性として加わり、それ以外にもアルコール依存症に関する遺伝などの著名な研究者が登壇しました。日本からは主催者として斎藤学が加わり、大変有意義なシンポジウムでした。

このシンポジウムに合わせて一冊の本が刊行されました。それがシンポジストのひとりとして来日したクラウディア・ブラックによる“It Will Never Happen to Me!”、斎藤学監訳の前述『私は親のようにならない――アルコホリックの子供たち』（誠信書房、一九八九年）（→『改訂版　私は親のようにならない――嗜癖問題とその子どもたちへの影響』（同、二〇〇四年））です。私も一部を分担翻訳しており、当時はまだパソコンが存在していなかったので、ワープロのキーボードを、それもひらがな入力のままで夏の暑い日に叩きながら一生懸命訳したことを覚えています。

このシンポジウムには全国のアルコール依存症関連の専門家が集まりましたので、初めてAC（アダルト・チルドレン）のことが一冊の本として問われたことになります。こうしてACOA（Adult Children of Alcoholics）にスポットライトがあてられたのですが、正直に言って、そのときはACという言葉がこれほど日本で広がるとは思ってもみませんでした。

待たれていた言葉～AC

シンポジウムでよく覚えていることがあります。会場でこの本を売るお手伝いをしていたのですが、手に取った人たち（看護師さん、保健師さんなど）が表紙を見ただけで、「ああ、この本、何が書いてあるかわかるわ」と口々に言ったのです。ページを立ち読みする前に、表紙のタイトルだけを読んで「書いてあることがわかる」と言うなんて、およそ信じられないでしょう。

このエピソードは、アメリカと同様、日本でも、親がアルコール依存症だった人たちがある種の共通点をもっていることを、現場の援助者たちがなんとなく気づいていたことを表しています。名前がなかっただけで、その人たちが特有の何かを抱えていることに、専門家の多くは気づいていたのです。ＡＣという言葉は、だから待たれていたのです。名前がやっとついたという思いが、本を手に取った援助者たちには共通していたのでしょう。アルコール依存症の家族は、アメリカも日本も変わらない、そう思ったのです。

その後、およそ五年かけてＡＣという言葉はアルコール依存症と関連する保健所、福祉事務所、病院、市民団体などへと広がり、アルコール関係者では知らない人はいないほどポピュラーな言葉になったのです。自助グループもでき、カウンセリングにもＡＣと自覚した人たちが多く来談するようになりました。

アメリカ流の共依存

その裏側で、共依存（コ・ディペンデンシー）という言葉が、ＡＣという言葉とともに、わが国でも広がっていきました。

飲んでいる人が病気であるのは当たり前のことです。その側で眉間にしわを寄せて「なんとか夫に酒をやめさせなくては」とつぶやく妻が共依存、そして、その間に育った人がＡＣである、というアメリカで提唱された考え方はとてもわかりやすいものでした。ある意味でアルコール依存症・嗜癖・アディクションの家族ドラマが成立したと言えるでしょう。父・母・子と登場人物の配役がそろうことで、ドラマとしてスタートできたと考えればわかりやすいと思います。

もうひとつ、背景がありました。

そもそもアルコール医療が、ある程度の段階にまで発展してこないと、この言葉は受け入れられなかったということです。アルコール依存症の治療が「病院に閉じ込めて、薬を飲ませて、強制的に断酒をさせて」というのではなく、「自助グループとともに、もしくは自助グループに行って、人間関係の回復がないとお酒がやめられないのだ」という段階に達していなければ、ACという言葉は受け入れられなかったでしょう。つまり、アルコール依存症を人間関係の障害とする視点が共有されて初めて可能になったのです。

「酔った父親と苦しむ母親」の姿が明瞭になって、初めて子どもの問題が浮上したということを忘れるわけにはいきません。

自助グループの意味

アダルト・チルドレン・オブ・アルコホリックスという言葉を考え出した人たちは、一九七〇年代末にアメリカのアルコール依存症の治療の現場で働いているケースワーカーとかサイコロジスト、看護師、保健師などでした。医療の現場にはもちろん医者もいますが、医者でない人たちのほうが数では多いでしょう。その人たちのことを、前述のようにコ・メディカル、ときにはパラメディカルと呼びます。ACはその人たちが創り出した言葉です。

アルコール依存症というのは、もともと大きな誤解から出発しています。仕事もせずに飲んで暴力をふるうような人のことだと思われていました。最初はそういう人たちは犯罪者だと思われていて、お酒を飲む人は、みんな刑務所に入れられていました。ところが、刑務所を出ると、またお酒を飲んで問題を起こします。それで、これは病気だ、精神病だとされて、精神病院に入れられるようになりました。ところが、精神病院を出るとまた飲んでしまいます。

そのうちに、病院側も辟易《へきえき》してしまって、「うちの病院ではアルコール依存症の人は入れません」と、病院から閉め出されるようになります。そうすると、ちまたにあふれたアルコール依存症の人たちは、酒はやめられないし、病院は入れてくれない、どうしたらいいんだろうと考えました。

そこでつくられたのが自助グループでした。苦しみや問題を、今日一日共有しながら自分で自分を助けていくグループのことを、自助グループと言います。今日一日、私は酒をやめたいという人が集まって、ミーティングをすることで飲まずにいられる。それが、アルコールの自助グループの原点です。

自助グループでは、誰が先生で誰が患者ということはなく、みんな同じ立場、等しく同じ苦しみを抱える当事者なのです。自助グループは「支配」のない場所です。

自助グループができたことで、アルコール依存症の治療はがらりと変わりました。どんな専門家が治療しても、病院を出れば必ず飲んでしまっていたような人たちが、自助グループに行くことで、お酒をやめられるようになったからです。

このような事実から専門家が学ばされたことは、アルコール依存症とは、本人の性格、人格、脳などの障害によるいわゆる疾病《しっぺい》ではなくて、その人がどういうふうに生きるか、どういうふうな人間関係をもっているか、といった生き方や人間関係に関わる「病気」だということでした。

一時的には処方されて薬を飲むこともありますし、一時的には肝機能が悪化して病院に入って点滴を受けるかもしれません。しかし根幹は、その人を取り巻く人間関係と、その人がそのなかでどういうふうに生きていくかという問題が、アルコール依存症のいちばん基本にあります。日本でも、一九六〇年代の半ばから、少しずつこのようなことがわかってきました。

アルコール依存症が人間関係の病気だということであれば、そのすぐ側にいて、その人を支えたり、苦しんだり、その人にふりまわされている人、つまり配偶者、親などに目を向けなければいけません。周りの人が変わることで、本人が変わるのではないか。つまり、アルコール依存症の治療ではまず家族を見るべきではないかということになり、本人から家族へと視点が移っていきました。繰り返しになりますが、これはとても大きな変換でした。

精神科の病気は本人の問題だと思っている人がほとんどだと思いますが、本当にそうなのでしょうか。病気の症状を呈しているのはたしかに本人です。しかしよく見ていくと、周囲の親や配偶者との関係が浮かび上がってきます（これは、犯人探しをしているわけではありません）。

そんな視点で妻を見ていくと、おもしろいことがわかってきました。その人は、殴られ、蹴られ、酒をやめると言っては裏切られる、そんな生活を二〇年もやっている。こんな妻もちょっと問題があるのではないか。普通、という言葉をあえて使うと、普通ならこんな苦しい生活を一〇年もやっていれば誰でも音をあげるのに、日々裏切りと暴力のなかで、二〇年も耐えているのです。

アメリカの専門家はなぜそれに耐えているのか不思議に思いました。「おかしいじゃないか。どうもこの人は、問題を起こして誰かに助けてもらいたい人の側にいることで満たされて、生きがいを見いだしているのではないか」「まるで依存症の夫に依存しているようだ」と。その妻のような人間関係を「共依存」と呼ぶようになりました。

ACの問題は、この共依存と深く関わっています。普通なら逃げ出してしまっていいところに、我慢して耐えている。これも病気と言っていいのではないか。耐えることは美しいことではなく、むしろ病気だ、と一九八〇年代のアメリカでは考えられたのです。

今はそのように考えません

しかしこのようなとらえ方は、現在では半ば否定されています。なぜかと言えば、殴られても離れない妻のほうがヘンだということは、責任を、酔って暴力をふるう夫ではなく、妻のほうに転嫁することになるからです。

日本でＤＶという言葉が共有されるようになったのは一九九五年です。ＡＣという言葉が、一種のブームにようになって広がる一年前のことでした。それまでは、夫が妻を殴っても、妻が生意気だから、口答えするから、といったとらえ方がされていて、その行為を「暴力」と呼ぶことは少なかったのです。そのような流れと、八〇年代のアメリカで「酔った夫から離れない妻が病気」とするとらえ方は、根底において共通しています。これらを難しい表現ですが「被害者有責論」と言います。つまり、やられたほうにもというより、やられたほうにこそ問題があるという考えです。

痴漢などの性犯罪は、今でもこの考えのままです。油断していた、スキがあった、ひどいものになると「挑発した」「そうさせた」みたいなものまで珍しくありません。

妻たちは共依存なのか？

夫はアルコール依存症、妻は共依存と呼ばれ、ふたりの結びつきは嗜癖的（アディクションによる）カップルだとしてとらえられるようになったのですが、それに対して、アメリカではフェミニストたちが反論したのです。共依存という言葉で、殴られる妻にも責任があるとしたり、妻のほうにも病理があるとするなんて、あまりにひどいではないかと主張したのです。

私はそれに同意します。なぜなら共依存という言葉はかなり便利に（つまり男性たちに都合がいいように）

使われてきたからです。アルコール依存症の団体に呼ばれて講演したときなど、断酒して五年目くらいになる男性が「妻が共依存で困る」などと発言するのを何度も聞きました。

そのたびに、私は反論したものです。

「あなたたちが飲んでいたときに、どれほど妻が苦しい思いをしたか。あなたたちが酔ってどんなにひどい言葉を吐き、ときには妻に暴力をふるったのか、そのことの影響を考えてほしい。それに対して謝罪もせずに、妻をケアすることもなく、共依存という言葉を使って妻を批判するなんていかがなものでしょう」と。

問題なのは子どもに対する共依存

次の章でも書きますが、共依存とは支配のひとつです。依存そのものを私は否定するわけではありませんし、善悪で語ることはできません。人に依存することは、それだけで問題というわけではないからです。

しかしやっかいなのが支配です。なかでも「愛情という名の支配」ほどむつかしいものはありません。「あなたのためよ」「私はどうなってもいい」という言葉は、しばしば母親から子どもに向けられます。

共依存という言葉は、ケアという行為（世話や介護、面倒を見るなど）にひそむ支配性を初めて指摘したと思います。その点で類を見ないと思います。あなたのために、と世話をされ、面倒を見られることで、その対象（子どもや夫）はどんどん自分ひとりでそれを行なう能力を失っていきます。今では少ないですが、洗濯機のスイッチを押せない夫や、銀行ＡＴＭが使えない夫、といった姿が笑い話のようですが珍しくない時代もありました。

ケアすることは相手をそのぶん弱者にしていきます。自立する力を削ぐと言ってもいいでしょう。親の愛は、しばしばこうして子どもの自立（親から離れて生きる）を阻害します。今や五〇代でも八〇代の親と同居する例が珍しくありません。経済的背景があるのかもしれませんが、ある年齢になったらいちどは親と離れて暮らす経験をすべきではないかと思います（二〇二一年現在では、共依存を「相手をケアすることで弱者化する支配」と定義しています）。

親のようになりたくない

たとえばアルコール依存症で入院している父親のもとに、妻子が面会に来ます。

「パパ、もう飲まないわよね。本当に飲まないわよね。だってこの子、来年受験なのよ」と母親が詰問すると、子どもは、そのそばでうなずいて黙るしかありません。

「僕が一番にならないとお母さんが苦しむ。だめなお父さんがいる家族のなかで、僕だけはこの家族を支えて頑張らなくっちゃ」と思います。そうしないと家族が崩壊してしまう、自分の成績しだいで、母親の人生も、家族の存続のゆくえも左右されてしまう……こんな重圧のなかで、アルコール依存症の子どもは育つしかないのです。

アルコール依存症の親をもつ子どもには非行が多い、心理的に不安定だなどと言われますが、そのほとんどが誤解です。アルコール依存症の家族の子どもは、ある年齢までは、とてもいい子です。それこそ、母親の期待通りです。母が頭で思ったことを、三秒後にはすっと実現しているような子どもなのです。母が目を落として「はあ」とつく溜め息ひとつで、何を言いたいかがわかるような子どもとして、お母さんを支えます。自慢のいい子として育っていくというのが、アルコール依存症の子どものあたり前の姿です。

ではその子どもたちはどんなことに傷ついていたのでしょうか。殴る父親のせいであり、父親が昼間から飲んで暴れるというようなことだったのでしょうか。いいえ、そんな理由は、三番目か四番目でしかありません。

子どもたちがいちばん傷ついているのは、夫婦のいさかい、暴言、暴力が飛び交うことなのです。父と母の間に繰り返されるドラマをずっと見ていること、その観客でいることのおびえ、自分のせいではないかという罪悪感。これらのほうが、直接殴られるより子どもにとってははるかに苦痛です。なかでも母が死んでしまうのではないかという恐怖は、ゼロ歳児から見られます。なぜかと言えば、母の死は直接、子ども自身の生命危機に関わってくるからです。

この苦痛は一回ではなく、習慣的に繰り返されます。それに伴って、主役の両親の間でそれを脇役として支える状況のなかでは、生き延びる技術は非常にすぐれていても、それ以外の人間関係は非常に稚拙であるというアンバランスさが生じてきます。

アメリカのケースワーカーである前述のクラウディア・ブラックは、仕事を通して出会う人たちを見て、「それは私と同じじゃないか」と思いました。彼女も、父親のアルコール問題で深く傷ついた人です。一九八〇年代に入ってから『私は親のようにならない』という本を書き、アメリカでベストセラーとなりました。この本は一九八九年に日本でも翻訳され、すでに述べたように、日本で開催された国際シンポジウムの際に出版されたのです。

このタイトルは、実にぴったりとしたネーミングです。飲んでいるお父さんを見て、その側で悲嘆にくれながらも別れようとしないお母さんを見て、私はあんな人生を送りたくない、と思います。誰でも、不幸な親を見れば私は親のようにはなりたくないと思います。不幸な家庭に育った人ほどそうです。それがそのまま題名になっています。

ACの三タイプ

もう少し言うと、私は親のようになりたくない、でもなってしまった、という人が多いのも事実です。それを「世代連鎖」「世代間連鎖」と呼びます。

『私は親のようにならない』という本を読むと、アルコール依存症の家族で育って大人になった人の約半数は、同じようにアルコール依存症になると記されています。残りの半数は、自分はならなくても、アルコール依存症の人と結婚してしまいます。つまり、本人か配偶者がアルコール依存症であるのが、八割方を占めてしまうというのです。非常に希望のない話ですが、それが『私は親のようにならない』という本の骨子です。日本では果たしてどうなのでしょうか。

彼女は、さらにＡＣを三つのタイプに分けています。①責任を負う子ども（責任者）、②なだめる子ども（調整役）、③順応する子ども（順応者）、と説明しました（詳しいことは三五～三八、七七～七八頁でも述べます）。

繰り返しますが、ＡＣという言葉は、アルコール依存症の治療現場のなかで本人から家族に視点が移り、さらに配偶者から、ふたりの間で本当に目立たなくて、いい子で育った子どもたちに注目することで生まれました。

『私は親のようにならない』が刊行されて以降、アメリカではＡＣの本が多数出てきました。それが一九八五～八六年のことです。アメリカで何かが起きると一〇年後に日本で同じことが起きると言いますが、不思議なものでその通りのことが起きています。

さて、あらためてその三つのタイプについて述べてみましょう。たとえば三人の子どもがいると、この三つをそれぞれが分けもつことになります。

①責任を負う子ども（責任者）
②なだめる子ども（調整役）
③順応する子ども（順応者）

これは学術的というより、実際にアルコール依存症の家族と会いながら、ケースワーカーとしての体験をもとにした分類というのが特徴です。

子どもがこれらの役割を分担するということは、言い換えれば、親がそれらの役割を果たしていないということになります。つまり、責任を負ってなだめていくのは本当は親なのに、その親が親としての機能を果たしていないから、子どもが親の役割をとり、演じてしまうのです。

よく見ると、この三つはACの類型ではありますが、家族を存続させ、機能させるのに必要な役割を表していることに気づきます。それをすべて子どもが背負うところに、また特定の役割しか取れない（それ以外が許されない）ところに、悲劇が生じるのです。三つのどれもが、生きる上では必要であり肯定されるべき役割だということは言うまでもありません。

したがって、この人たちは生きていくためにひとつの類型を身につけ、それが得意な大人となりますが、職場でも、新しい家族をつくっても、ずっと同じような役割・態度しか取れないことになります。それはひとつの片寄りであり、さまざまな困難を生み出します。おまけに、ACという言葉に出会わなければ、そのことに気づくこともなかなか難しいのです。

それではこの三類型について、もう少しくわしく説明しておきましょう。

①責任を負う子ども（責任者）

過剰に責任を取るタイプというのは、家族のなかで親が親の役割をとらない、つまり何かを決定しなければならないのに親が逃げてしまうので、子どもが代わってその役割を背負うタイプです。

具体的に言えば、父親が家でいつもお酒を飲んでいたり、仕事中心で家にいないとき、母親から頼れることで、子どもが結果的に父親の役割をとらざるを得なくなるのです。これは小学生でもできるし、五～六歳でもできます。なんでも責任を取って、父親役をやって弟や妹のことも自分が引き受ける。自分が背負うしかないという、ものすごい責任感で生きていく。これは「仕切り屋」とも言えます。すべて自分が仕切らなければならないという、一種の強迫的な思いがあります。このタイプは、家族のなかでは第一子がやりがちです。

しかし、その人は学校においても、社会に出ても、いつも仕切って責任を負う立場に身を置いてしまいます。「いや」と言えず、なんでも引き受けてしまいがちです。何かよくないことが起きると、自分が引き受けなければ、と思ってしまうのです。よく言えば責任感が強いのですが、他の人とのチームプレーは非常に下手です。自分が引き受ける、すなわち自分の思う通りに周りを動かさなければと思いますので、他の人にまかせられないのです。しばしばそれで周囲との衝突が起きてしまいます。

それに、背負わなくてもいいことまで背負ってしまうので、疲れやすいのです。しかもそのことを周りの人はわかってくれません。好きでやっているんでしょう、と思われているからです。どうしていつも私だけこんなに疲れてしまうんだろうと、自分で自分を呪うことになります。

②なだめる子ども（調整役）

子どもは、親の不和や緊張に満ちた空気をなんとか解消させようと、いろいろな役割をとります。家族の息苦しい雰囲気を救うために、対立を仲裁したり、笑いをさそったりするので、これを調整役と言います。これはさらにいくつかのタイプに分けられます。

（1）スケープゴート

たとえば、いつも病気をする子どもとして、両親の関心を一時的に自分に集中させて、夫婦の対立を緩和します。「この子は、すぐ怪我するんだから」とか、「いつも病気をするのね」と言わせる立場を取ったり、もしくは、テストではいつも0点を取ってきて、「ダメだねえ」と言われながら、家族の不幸の根源である困り者の役を演じます。「悪いことはすべてこの子のせい」という犠牲の羊（スケープゴート）の立場になるのです。なかには、そのまま非行に走る場合もありますし、問題行動を起こしたり、アトピーとか喘息《ぜんそく》のように、いつも病気がちな子になる場合があります。

（2）ピエロ

調整役のなかのふたつ目はピエロです。冗談ばかり言って笑わせて、食卓の沈黙をなんとかやわらげたり、もしくはおどけてみせたり、ジョークやお笑いのボケと突っ込みをいつも考えたりします。家族はそのおかげで、笑いが生まれたり、「お前は変なやつだよ」ということで家族の緊張を緩和します。これがピエロ役です。社会に出てもけっこうおもしろいやつだと言われて、忘年会や新年会で必ず人を笑わせるキャラを演じたり、会議でも沈黙が支配しているとひとりだけ変な意見を言って笑いを誘って、「イヤイヤ」などと照れたポーズをするのです。しかし、これも大変疲れます。絶えず周囲の眼を意識しなくてはなりませんし、自分がこの役を降りたいと思ってもなかなか降りられないからです。

（3）ヒーロー

スケープゴート・タイプの逆で、家族の希望の星となる子どもです。勉強の成績がいい、運動がすぐれていて国体やオリンピックの選手になる、音楽の才能がありコンクールに優勝する……といった子どもたちのことを指します。どんなに両親が不和であっても、子どもが一流中学校に合格すると、抱き合ってふたりがよろこぶ、そんな光景を見ると、子どもは生まれて初めて深く安心します。そしてずっと勉強を頑張りつづけようと決意するのです。自分がやりたいことをやって評価されるのではなく、最大の動機は親（なかでも母親）によろこんでもらえることなのです。

（4）ケアテーカー

これは女の子ばかりではなく、男の子にも見られます。だめなお父さんの面倒を見たり、弟や妹の面倒を見たり、お母さんの家事の手伝いをしたり、いつも周りのために周りのためにとばかり考えています。それで褒められることが重なれば、時間とともに身についていくでしょう。家族における自分の存在価値は、周囲をケアすることにある、そう信じて生きていきますので、成長してからもとにかくケアをすることにかけては、誰にも負けません。そのような人の周囲には、ケアをしてほしいという人たちが集まるようになるでしょう。自分が何をしたいか、ではなく、誰かのケアをすることが生きることなのです。本当にかゆいところに手が届くので、そういう人といっしょにいると、私たちはどんどん自立の能力をそがれていくでしょう。ボタンが取れていればつけてくれるし、おいしいご飯をつくってくれるし、疲れていると肩を揉んでくれる人です。周囲の人たちは、自立した生活を営む能力が退化していってしまうかもしれません。

③順応する子ども（順応者）

三番目のタイプは、いるかいないかわからない人たちです。兄弟が三人いると、たいてい三番目はこのタイプになりがちです。

お父さんとお母さんが血を見るような喧嘩をしていても、じっとマンガを読んでいたり、親の対立が始まって、お兄ちゃんが「やめろ、やめろよ」と仲裁に入ろうとしているときに黙々とカツ丼を食べて、自分の部屋に行ってしまったりします。周囲にどんな状況が起きようとも、自分の世界を守っています。積極的に「イエス」と言わないかわりに、「ノー」も言いません。したがって目立った不適応は起きませんが、友だちもできないのです。どんな状況に出会っても、必ず周囲と距離をとることになりますので、人と親密に交われませんし、どうやって人間関係を求めていいのかわからないのです。

たとえば同窓会などで、笑ったりふざけたりという情緒の盛りあがる場面でスッとそこから身を引いてしまうのです。幼いころからの習慣で、感情の高まるときにはいつもそこから離れてしまうのです。イエスでもなくノーでもないからです。それが喧嘩などのときは自分を守ることになるのですが、楽しい場面のときはひとりぼっちになり、溶けこめないという結果になります。

無気力や無関心とは違って、そうしていないと激しい渦のような世界に巻き込まれてしまうという恐怖が強いのです。ひたすら自分の世界を守るためにそうしているのであって、このタイプの人たちの生活の底には緊張と恐怖が存在すると思います。

第2章

アダルト・チルドレンを再定義する

1 「アダルト・チルドレン」は医療の言葉ではない

問題飲酒とは?

もともと、ACという言葉は医者ではなく、前述の通りコ・メディカルの人たち（医者以外の医療従事者）から生まれた言葉です。「共依存」も「AC」も医療における診断名ではありません。それに加えて、アルコール依存症はこれまでの精神科医療のなかで、かなり変わった存在だったことを知っていただきたいと思います。

アルコール医療というと、私とは関係ないと思う人がずいぶんいるでしょうが、ACという言葉の発生源がアルコール依存症の家族であるということは、非常に意味深いものです。アルコール問題がわからなければ、ACという言葉を使えないはずだと言う人もいるほどです。

では、アルコール問題とはいったい何なのでしょうか。アルコール依存症はどのような病気なのでしょうか。

アルコール依存症とは基本的には医療の用語ですし、現在ではアメリカ精神医学会の診断基準DSM-5では「アルコール使用障害」として定義づけられています。WHO（世界保健機構）の国際疾病分類ICD-11でも、ちゃんと診断基準が明文化されています。しかしこのような厳密な診断基準よりも、多くの人にとってわかりやすいのは「問題飲酒」という言葉ではないでしょうか。毎日仕事はしている、でも家族はその人の飲酒によって困り果てているという例はとても多いと思うからです。その人は病院なんか行かない、と宣言しています。

私は、問題飲酒を次のように説明しています。

①ある人が習慣的に酒を飲む
②その結果、周囲が困る
③それを知りながら酒をやめられない

という三つの条件を満たす飲み方のことを指します。もちろん「酒」のかわりに、薬、ギャンブルなどを当てはめてもらってもいいでしょう。

これは酒の量や飲む回数とは関係がないのです。周囲が困るかどうかがいちばん大切なポイントであり、困るという「主観」「感じ方」を基準にしています。つまり、周囲の人が問題だと思えば「問題飲酒者」であると考えていいのです。「問題」と感じるかどうかは主観的で関係的なとらえ方に基づいていますので、医療における診断とは一線を画すものなのです。

「問題飲酒者」の見分け方のひとつは、酔い方です。どういう酔い方をするかです。周囲の人がとても傷ついたり困るような酔い方をして、そのことを知りながらなおかつその酔い方をやめずに習慣的に酒を飲む、いくら年収が数億円であろうと、妻を殴ったりしなくても、酔っている姿や、酔ってしゃべっていることが周囲を傷つけていることを知りつつ同じ酔い方を繰り返し、ときにはすべて記憶にないとばかりに翌朝はケロッとして会社に行く人のことも、問題飲酒者の範疇に入れてかまいません。

歴史をさかのぼる

アルコールの歴史が紀元前にまでさかのぼることは、よく知られています。しかしそれがひとつの社会問題となったのは一八世紀の産業革命以降でした。自給自足社会で、自分の家で穫れたブドウを発酵させてワインにしたり、自分の家で穫れたお米でどぶろくをこっそりつくっていたころには、社会問題は発生しませんでしたが、工場で大量生産ができるようになり、鉄道によって大量輸送され市場にそれが出回り、商品として価値をもつようになると同時に、アルコール問題が社会的に出現しました。

日本でもつい最近まで庶民はお酒を毎日飲めなかったのです。それが一九六〇年代以降、日本の経済成長に伴って冷蔵庫がどんどん普及しました。自宅で冷えたビールが飲めるようになり、コインさえあれば自動販売機でお酒が買えるという世の中にもなりました。アルコール依存症が急激に増えてきたのは、このような社会の変化が関係しています。

欧米ではアルコール問題をどのように扱ってきたかというと、最初は、〝困り者〟としてでした。酔って周囲を困らせるのは「社会の困り者」、つまりは「犯罪者」でした。禁酒法時代のアメリカでは、そのような人を捕まえて、刑務所に入れたのです。これが、アルコール問題への対処のまず第一歩でした。

次は、宗教心のない意志の弱い道徳的欠陥者として見なされるようになりました。酒をやめたり減らせないのは人間として欠陥があると考えたのです。この名残は今もあって、アルコール依存症は意志の弱い人という誤解が根強くあります。しかしこのような見方をしていても何も変わらないと気づいた人たちが、宗教的なバックボーンとともに「禁酒運動」を始めました。日本の禁酒運動は明治時代に始まっています。その後、アメリカで「病気」として治療しようという医者が現れたのは一九四〇年代のことでした。日本では第二次世界大戦後、一九五〇年代に入ってからのことでした。

神奈川県にある独立行政法人国立病院機構久里浜医療センターはアルコール専門病棟をそなえた病院ですが、それについては次項でくわしく述べます。

一九六〇年代以降、アメリカでは生物学の視点やシステム論などをとり入れて、家族をとらえるようになりました。「家族療法」という治療法が欧米で広がったことも大きな影響を与えました。飲んでいる本人の病理とか、社会の被害者だといった単純な因果関係ではなく、家族のシステムに悪循環が起きているのではないかという見方が出てきたのです。因果論から循環論への転換とも言えます。

システム論的に見れば、アルコール依存症者の妻も夫婦システムにおいて重要な役割を果たすことになります。このことから、アルコール依存症の妻の研究がさかんになり、妻も「病気」であるなどと言われるようになったのです。その問題点はすでに述べましたので繰り返しませんが、このような歴史的背景があるということを指摘しておきます。

東京オリンピックとアルコール依存症の専門治療

二〇二〇年には東京でオリンピックが開催される予定でした。ところが新型コロナウイルスによるパンデミックが世界中に広がったため、二〇二一年に延期されることになりました。

前回の東京オリンピックは一九六四年に開催されましたが、日本でアルコール依存症が病気として扱われるようになったひとつの背景には、オリンピック開催にふさわしい姿に東京を変えなければという政府の意志が働いていました。

街角に酔っ払いがいたり、浮浪者（当時はこう呼んでいました）が酒瓶を片手に歩いていたら、先進国としての日本のイメージに傷がつくと思ったのでしょう。一九六三年には、前項で述べた日本初のアルコール専門病棟が久里浜病院につくられました。本格的なアルコール依存症の治療がなされるようになった背景には、街から酔っ払いを追い払う意図もあったのだと思います。

「アルコール依存症とはいったいどのようなものなのか。なぜ酒がやめられないのか」という、まさに手探りの状態のなかで、赴任した精神科医（慶応大学医学部出身者がほとんどでした）たちは治療方法の模索を行ないました。

同時に、すでに述べたように、日本でもＡＡ（アルコホーリクス・アノニマス：アルコールを飲まない生き方を手にし、それをつづけていくために自由意志で参加する世界的規模をもつ団体）や断酒会などの自助グループ活動がさかんになり、参加しながら酒をやめる人がたくさん出てきました。病院と自助グループの連携はお酒をやめるために不可欠なものになったのです。

アルコール依存症は旧来の精神医療とはうまく適合できない病気でした。日本の精神科医療や精神病院の問題を告発した人たちの多くが、アルコール依存症だったこともそれを表しています。彼らの告発は、アルコールを飲んで問題を起こした人を鍵をかけた精神病院に閉じこめ、薬づけにするという実態に対してでした。一九六〇年代までは日本の精神病院は、統合失調症の患者さんが入院のほとんどを占めていたので、内部告発がされにくい場合が多かったのです。

ところが、アルコール依存症の患者さんは入院しアルコールが抜けてしらふに戻ると、病院の理不尽な実態を告発できる力をもっていたのです。精神科病院の問題を告発する役割を担ってきたのは、九〇年代まではアルコール依存症の患者さんだったのです。このような動きは、アルコール依存症治療を敬遠する精神科病院を増やすことになりました。

2　女性のアルコール依存症者は潔い？

さて、ここまでは主にアルコール依存症である男性を念頭において述べてきましたが、ここからは女性の依存症についても考えてみましょう。

自分だけを苦しめる

お酒という物質に嗜癖《しへき》するのがアルコール依存症で、人でなんとかしようとするのが関係嗜癖の共依存だと、一九八〇年代のアメリカでは言われました。どちらが潔いかという比較をすれば、言うまでもなく物質嗜癖のほうが潔いと思います。結果的に苦しむのは、自分だけですから。

アルコールは明らかに自分の体を痛めていくわけですし、食べたり吐いたりする過食症や拒食症も最後には死の危険性もあります。嗜癖して死ぬなんて、自分だけを苦しめるという意味では実に純粋なものではないでしょうか。

一方で共依存は自分の体を痛めつけるわけではありません。そもそも自分というものを捨てているのですから。困った人は（見ようによっては）周囲に満ちていますから、嗜癖の対象を次から次へと代えていけばいいのです。夫から子へ、子から姑へと、その対象は代わっていきます。

ひたむきな妻たち

女性のアルコール依存症の特徴をよく表しているのが、かつて斎藤茂男さんが書いた『妻たちの思秋期――ルポルタージュ　日本の幸福』（共同通信社、一九八二年）に登場するひたむきな妻たちでしょう。彼女たちは温かい家庭をつくろうと思っているのに、夫は仕事ばかりで家にいないし、育児も大変という生活のなかで、自分が何のために生きているのかを見失い、一種の空虚感から酒に依存するという姿が紹介されていました。

主婦のアルコール依存症についての紹介は、男性の問題だという先入観を持っていた人たちから衝撃とともに受け止められました。彼女たちが思春期からさまざまな問題を引きずっていて、結婚して主婦となったとき、それが表面化してくるのかもしれませんが、いずれにしても夫婦関係がうまくいっているときにはアルコールの問題はありえないことです。

たとえば、ある女性のケースを紹介しましょう。

その人は父親が一代で築いた料亭の社長の三人姉妹の次女として生まれました。長女が交通事故で死亡したために、父親は後継者として優秀な板前と彼女を結婚させます。しかし夫とはあまりうまくいっておらず、性的にも希薄な関係の夫婦でした。ふたりの間には子どもができず、お金には不自由しなくとも、夫との冷たい関係がつづいていました。もともと結婚前からアルコールをよく飲んでいた人ですが、夫との冷たい関係がさらにつづくようになると、アルコールの助けがないと夫に何も言えなくなりました。飲めばなんでも言えると思いました。

彼女は父のお気に入りで、プライドの高い人でした。夫婦の間はますます冷たくなっていきましたが、料亭の経営を考えると離婚もできません。それは夫の側にも言えることでした。夫は店のオーナーであり、妻は創業者の娘でした。そんな葛藤的な生活状況のなかで、自分の存在意義は創業者の娘であるというだけではないかと思った彼女は、夫にも愛されず、仕事をもっているわけでもありませんでした。そして、ただひたすら昼間からアルコールを飲みつづけることになりました。

そんなある日、彼女は下着姿のままで飲んで失禁している姿を夫に見られます。それ以降、夫はまったく彼女の目を見ることもなくなり、やさしい言葉すらかけなくなります。そして、旅行会社の請求書が届いたことから夫に愛人がいたことを知ります。相手は銀座のクラブに勤める女性でした。彼女は夫にそれを突きつけ、離婚をせまりました。そして、夫は店のオーナーの座を追われることになります。会社の口座から手切れ金を支払ったものの、彼女のショックは大きいものがありました。飲酒量は増え、入浴中に手首を切り自殺を図りましたが、発見が早く助かりました。そのことがきっかけでアルコール専門病棟に入院することになり、主治医の紹介で私が担当していたグループカウンセリングに参加するようになりました。

もうひとり、銀行員の妻の例を紹介しましょう。

彼女がアルコール依存症のグループカウンセリングに参加するようになったのは、幼稚園に子どもを送ってから、ずっと家で飲むようになったからでした。ある日、記憶をなくすほどアルコールを飲んでしまい（ブラックアウトといいます）、幼稚園の父母の連絡網が途絶えてしまうという事件が起きました。彼女はそのことで自分の飲み方への危機感をもち、夫には内緒でカウンセリングにやってきたのです。

夫は彼女がそういう状態になっていたことを三年間も気づきませんでした。夫は毎夜、一二時ごろ帰宅し、そのまま床につき、日曜日も仕事にいくような人でした。夫の母親がすぐ近くに住んでいたことから、子どももすっかりおばあちゃん子になってしまい、彼女は自分にはなんの存在意義もないと思うようになったのです。アルコールを飲んでいるときだけそんな思いから解放され、生きている感じがしました。

このように、女性のアルコール問題はライフサイクルの危機において発生すると言われています。人生のどの時期で発生するかで、いくつかに類型化できます。ドロップアウト型、夫婦間葛藤型、空《から》の巣型、高齢化型などに分けられます。現在では、キャリア女性に多い業務遂行型を追加するべきでしょう。しかし人生の危機というものはいつでもあるわけで、人はその危機を乗り越えようとしてお酒を飲み、それが結果的に依存症につながるのではないかと私は考えています。

女性があらゆるシーンでアルコール依存症になる可能性があるのは、その人が自分に向き合わざるをえないからであり、他者を使わずに自分の問題をつきつけられ悩むからです。他人に乗りうつって自分の空虚感を埋めていくことに比べれば、自分の体を痛めながらお酒を飲むことは、他人を利用しないでひきうけるという「潔さ」という点で、はるかにましではないかと思います。

忘れられた子どもたち

一九八〇年代の初頭、アメリカでは、アルコール依存症者の妻を「共依存」と呼ぶようになりましたが、同時に目を向けたのが子どもの問題でした。

しかし、こちらのほうはすんなりと認められたわけではありません。それというのも、アルコール依存症の治療現場では、夫婦の共依存は認めるにしても、親の病気を心配して、病院についてくるような親孝行な娘や息子に問題があるということまでは、誰も気がつかなかったのです。

一九六九年には、カナダで『忘れられた子どもたち』（Cork, M. *The Forgotten Children*）という本が出版されました。この本は、お父さんがアルコール依存症であり、そのせいでいろんな問題を起こし、お母さんが嘆き悲しむ、そして、その夫婦ふたりの間に、いるのかいないのかわからないようにひっそりと育ち、親の華々しさにくらべるとほとんど目立たない子どもたちのことを描いたのです。

これは、世間からはほとんど注目されていなかった人たちを描いた本、つまりACについての本としては世界で初めてでした。しかし、当然ですが「アダルト・チルドレン」という呼び名はまだ使われていません。

そしてついに一九八一年に、前章で述べた通り、アメリカのクラウディア・ブラックという女性のケースワーカーが、『私は親のようにならない』という画期的な本を著わしたのです。

この本では、『忘れられた子どもたち』で書かれたような、とてもいい子として育った人の問題がより細分化され、臨床経験に基づいて、よりシステマティックに書かれています。さらに、重要な点である世代連鎖のことに触れています。ブラックは、世代連鎖が起こってしまっているという事実を書いたのです。親が行なったことを子どももたどってしまう。これはとても残酷でつらい話です。

実は、彼女の父親にもアルコールの問題がありました。自分がアルコール依存症の患者を治療するケースワーカーとしての仕事に従事しながら、なぜ自分はこんな仕事に就いたのだろうか、対人援助の仕事をしていながらも、どうして自分はこんなに生きづらいのだろうかと考えたのです。

そして、彼女は思いました。それは自分だけではない。親のアルコール問題で面会に来る息子や娘たちも自分と同じだ。自分と同じような苦しみをもっている人がいっぱいいるではないか。そういう人たちのことをとりあげる必要がある、と考えたのです。ブラックは、自分の生きづらさとアルコール問題のある家族で育ったことが、実は深く関連しているのだということに気づいたのです。

この本はアメリカでは大ベストセラーになり、前述の通り邦訳は一九八九年に刊行され、その後、アルコール家庭の子どもが注目されるきっかけをつくったのです。

3　共依存の問題

女性に特有なのか？

ここでACと同じく重要な言葉としての「共依存（コ・ディペンデンシー）」について、少しくわしく説明しましょう。

「共依存」とは、簡単に言えば、愛情という名を借りて相手を支配することです。共依存関係にある人たちは、苦しみながら離れられないのです。重要なことは、一九八〇年代初頭にアルコール依存症者の妻を共依存として病理化したことは、現在、ほとんど否定されるようになっている点です。

なぜなら、DV（ドメスティック・バイオレンス）についてさまざまな研究や知見が重ねられることで、彼女たちが酔った夫から受けたさまざまな暴力の影響としてとらえなおす必要があると考えられるようになったからです。妻が夫から離れないから夫が酒をやめられないというとらえ方は、前述の被害者有責論（被害を受ける側にも問題があったとする）につながりかねないからです。

むしろ共依存は親子関係に代表される「ケア」することの支配性を指摘する言葉として大きな意味をもっています。母親が世話をするという形で子どもを支配し、教育やしつけという形で子どもを自分の思い通りに方向づけて縛っていく姿については、カウンセリングの場で息子や娘の立場から長年聞かされつづけてきました。

「もう、あなたはあなたの思うままに生きていいのよ」というふうに、いずれは手を離さなければいけない時期というものがあります。それがずっと言えなくて、子どもが大学に入るような年齢になっても、一日帰ってこないと探しに行ってしまう親や、結婚した後までもずっと、相変わらず「ああしなさい、こうしなさい」と言いつづける親がいます。

こうした親は、「すべて子どものために」と言いますが、実は、親が子どもへの支配感を満足させるために子どもが自分の思い通りに成長しているかどうかを確認するためであることが多いのです。自分の今の生き方に対する空虚感や不全感を、子どもや夫の面倒を必要以上に見て、自分のいいように仕立てることにすり替えていく、こうして自分の支配感を満足させることができます。

たとえばアルコール依存症の人が、お酒を飲むことで一時的に救われるように、「ああ、私も歳をとってしまった」と思わないように、現実の自分を見なくてすむように、「子どもがね」「夫がね」と対象を他者に向けるのです。自分の問題を子どもや夫の問題としてすり替えることで、ときにはそれが習慣となることもあります。

幼いときから調整役をやりながら成長した人なのかもしれません。私がこの家にいるのはいけないことではないのかと感じながら、両親の関係がうまくいくように、親や周囲の面倒を見ることに自分の存在価値を見いだし、行動してきた人です。

なかには夫の暴力を受けながら、経済力がないために今の生活をつづけなければならない人もいます。彼女たちは、夫は私の世話がないと生きていけないのだと思い込み、ケアを与えることで存在価値を得て、夫を逆に支配しようとするのです。

ケアを与えることは女性としてはプラスの価値であり、いいことなのです。「良妻賢母」とたたえられることはあっても、誰からも責められるものではありません。

子どもによかれと思ってやる、ということは、果たして子どもにとっていいことなのでしょうか。母親の判断を子どもに押しつけて、その通りに子どもを仕立てようということは、これこそ母親の「愛情という名を借りた支配」の典型ではないでしょうか。

男性の共依存

共依存について女性を例として用いましたが、共依存の男性も多いはずです。

男性の場合は、不幸な女に〝寄生〟するというようなケースに見られます。この女は俺がいないとだめになる、というようなときです。自殺未遂をはかった女性に特別の愛情を注いだり、社会の底辺で苦しむ女性をなんとか助けようとして身を粉にする、といった男性の姿はよく目にすることがあります。アルコール依存症者の妻たちは、夫と別れない理由を「だってあの男《ひと》、私と別れたら死んでしまいますよ」と言いますが、それに少し似ています。

しかし、これもまた愛情という名を借りて相手を支配することです。対等な平面の上で相手を思ったり、愛したりするというのではありません。不幸な女性に対して自分は高い位置にありながら女性を「救う」のですから。女性はあくまでも自分の勢力範囲にあり、そのなかに囲いこんでその女性が幸せに生きるようにしてやっていると思っているだけのことです。共依存の母親が、「あの子は私がいないと生きられないのですよ」と言うのはこの上なく愛情深く見えて、実は快感に満ちています。

他人の人生を支配する快感と言えるでしょう。

ひとことで言えば、自分がその人にとって「なくてはならない存在」になる快感です。これは交換不能、代替不能な、神にもひとしい存在になることを表しています。

4　既成の家族や医療の考え方に抗して

ACの定義

「現在の自分の生きづらさが、親との関係に起因すると認めた人」

これがACの定義となります。書けばわずか一行の言葉ですが、そこに含まれている意味は実に豊かであり、既成の家族や医療の考え方に異を唱えるものなのです。

その点をくわしく述べるために、本章の最後で、ここまで述べてきたこととといくらかの重複がありますが、ACという言葉の豊かで革新的な意味を整理しておきましょう。

①ACはアルコール問題から発生したということ

ACのもともとの意味は、すでに述べたように、チルドレン・オブ・アルコホリックスが、アダルトになった人、つまり、アルコール依存症の家族で育って大人になった人ということです。非常に狭い意味に思えるでしょうが、ACという言葉を理解するとき、必ずこれを前提にして考えなければならないと思います。これがひとつのポイントです。

しかし、アルコール依存症というと、一部の狭いものだろうという誤解もあります。殴ったり蹴ったり暴れたり、仕事をしなかったり、手がふるえる人のことをアルコール依存症だろうと思っている人が多いのですが、それだけではありません。アルコール依存症の診断基準は、非常に幅広いものです。しかしこの言葉はあくまでも医療の診断用語です。私たちはむしろ、そういう人たちを先述の通り「問題飲酒者」という呼び方をするようにしています。

②ACは自己認知であるということ

ACという言葉は決して不登校になったり、パニック障害で精神科に行ったり、誰かに会うと緊張してものが言えないとか、そういう目に見えた障害をもつ人のことを言うわけではなく、自己認知に関わっている言葉と言えます。

自己認知とは、「私」が「私」をどうとらえるかということです。たとえば、私たちは自分は女（男）だと思っていますが、それは本当でしょうか。最近では自分の身体と自分を女（男）だとする認知（性自認）が不一致であることが認められるようになっています。また、自分は子どもだ、これも自己認知です。それから、自分はなにものか、自分は区の職員である、これも自己認知のひとつです。

そういうふうに、私たちはいくつもの自己認知をしています。その全部の役割を総動員しても、いったい自分はなんなんだろうか、というわからなさがある。つまり、こんなに私は模範的な生活をして、他の誰からも非難されない生活を送っているのに、なぜこんなに生きづらく思っているんだろうか、と。そんなとき、ACという言葉がすき間をぬって登場するのです。

客観的に人から見てどうかというのはACではありません。客観性をもたないのがACです。言い方を変えると、誰か偉い先生（＝医師）が診断するものではありません。

「ACというのは、私のことかもしれない。ああ、私はACだったんだ」と思ったら、その人は、ACだと思ってかまわないということです。

ACは何か特徴があるとか、チェックポイントが二〇項目あって、そのうちいくつ以上当てはまればACだとする見方がありますが、それは自分に対しても、ACという言葉に対しても大変失礼なことです。人に決めてもらうことでなくて、ACか否かは自分で決めることです。

なんでもかんでも客観性をもつことが正しいと考えている人もいますが、ACについては違います。1+1=2、これは正しい。気圧が高いと高気圧、これも正しい。でも、自分がACかどうかは客観的にはわかりません。自分で決めることです。

自分はダメだと自己認知する人、自分は醜いという自己認知をする人もいるでしょう。でも同じ自己認知でも、ACは自分が楽になる自己認知です。ACと思ってものすごく落ち込むような人は、ACと自己認知しないほうがいいのです。ACと思って、これで私は先が見えるんじゃないか、自分のこれまでがすっきりと整理できた、自分の過去をこれでたどれるんじゃないか、そう思った人は、ACを自分のアイデンティティにしていただければいいのです。

これが、AC本人にいちばんやさしい考え方だと私は自負しています。

自分がなにものかと考えたとき、それが自分にとって苦しいアイデンティティなら、そんなものは捨てればいいのです。自分が楽になるアイデンティティを自分は取り入れる。だから、ACと思って楽になる人は、ACだと思えばいいと、私は考えます。

③ACという言葉は、親との関係がポイントになる

これはどういうことかというと、今の自分の生きづらいという感覚が、自分を育てた親との関係に「起因」する、ということです。ただしこれを「原因」というふうに思わないでください。原因とすると結果があるわけで、結果を取り除くためには原因を直さなくてはならなくなりますから。単純な因果関係におとしこまないためにも、あくまでも起因と考えてください。

ACは親との関係を見直すという意味でみんなの問題です。親があって自分があるわけですが、恩を受けている、血を受け継いでいるというようなことではなく、ある意味で親との関係で今の自分がつくられており、そのことを考えてみようということです。

だからこそ、親になることへの怖さがあるのです。それはもって生まれた性格なんだと考えてしまったり、親が「何をしたってこの子はこういう性格なんだ」と言うのはそこから逃げようとするからです。親との日々の関係のなかで子どもはつくられるのです。

親が「あの子は小さいときからこんな性格なの」という評価を下すことがありますが、それはやめていただきたいのです。性格と言ってしまうと、本人の責任、もしくは遺伝の問題になってしまいます。生まれた瞬間に親から受け継いでいるものはたしかにあります。ですが、それがそのまま一〇年も二〇年も生き延びるわけではありません。それをベースに、親子関係における日々の関わりがその人らしさを染め上げていくのです。その時間の積み重ねのなかで、どのような役割をとっていくかが重要だと思います。日常の繰り返しを経てその人は変わってきたのですし、今後も変わっていくでしょう。

私はこんな性格なのだと固定的に考えたり、自分自身に原因をもってくるような考え方をとらないようにしましょう。性格はその関係のなかでつくられたし、今後もつくられていくのだと考えます。だか

らこそ、それはまた変えることができるわけです。祖父がいて母がいて自分がいると思うなら、その三つの点それぞれの問題ではなく、三つの点のつながりが問題なのです。

ここまで育ったのは親のおかげだし、その親のせいにしてはいけないのではないか、と常識では言うわけですが、私は「もういいですよ、親のせいにしてもいいんですよ」と言います。つまり、そう思う人はさんざん自分が原因ではないかと苦しんできたのです。もうじゅうぶん苦しんだのですから、そんな荷物はこのへんで捨ててしまえばいい。全部親のせいにしていいのです。

私たちの年齢になっても親の問題は深く私たちを捕らえています。してみたいことがあったのに、今の人生を送っているのはひょっとして親に言われた言葉がいまだに深く残っていて、それに縛られているのではないかと思う。あなたは息切れするまで頑張らなくては価値がないと親から言われた言葉に、ずっと縛られたままだ、といった具合にです。

いくつになっても親の拘束からは逃れられないわけではありません。そういうものから早く解き放たれていただきたいと思います。

家族というものは、そんなにいいものでもないし、安全でもないのです。もともと家族とは歴史的につくられてきたものなのです。これから家族をつくろうとする人にとっては悲観的な言葉に聞こえるかもしれませんが、家族を形成するには、クールな覚悟が必要な時代なのです。

④ACの人には「生きづらさ」と「違和感」がある

「生きづらさ」とは、現実との違和感をもっているということです。これが「居場所のなさ」の感覚につながっています。

ＡＣの人は、家族のなかに違和感があって溶け込めないというのももちろんのこと、友人関係のなかでも何か溶け込めないとか、会社での自分の役割や自分の人生の選択などに違和感があるような、そんな感覚をもっています。

人は子どものころからいろんなグループに所属しているものです。自分が精神的に安心できるグループ、そうでないグループというものがあって、それらと全部つきあわなければなりません。そのグループとの関係は絶対的ではないですが、家族というグループの関係は絶対的なものです。勝手に出たり入ったりできません。ですから、家族での違和感は、その他のグループによるそれよりも深刻なものとなります。

家族の違和感はもともと小さな積み重ねから生じます。そうしてできた違和感は、自分でもなかなか説明できないものですが、そこにＡＣという言葉を当てはめたとき、何かしらぴったり理解できるものがあるはずです。

なぜなら、自分が主役のドラマをつくるための言葉がＡＣだからです。「違和感」という、自分が自分でないように思って親のドラマを支えてきた人は、自分のドラマをもっていなかったということです。自分の違和感、根っこが全部なくなってしまったという感覚をもつのは、自分の生家がとり壊されたからではなく、実は親子関係や生まれ育った環境に起因するのではないかと思う。どう説明していいのかわからなかった人が、ＡＣという概念で、一挙に方程式が解けるように、ストンと胸におちるのです。

あるＡＣの女性は、歯列矯正の金具を歯に装塡したとき、その感覚から中学のころからずっと感じていた周囲との違和感を思い出しました。鈍い痛みのような感覚なのに、ずっと身をまかせていると、いつのまにか自分の一部になってしまっているのです。彼女のそれは親への感情を殺さなくてはと思ったときに始まりました。

違和感はなぜ発生するのでしょう。

それは必要があったから発生したのです。家族のなかのつらい現実、そこに身を置くことがとうてい耐えがたいような状況のなかを子どもたちが生き延びるには、現実と自分の間に「違和」をつくり出す必要があったのです。巻き込まれては自分が生き延びられないと直感したとき、周囲と違和感を保つことで、子どもは自分を守るのです。違和感はこのように、心理的に過酷な状況を生き延びるための適応の結果、身につけられたものです。

現代に生きる私たちには、どこに相談したらいいかわからない問題が増えています。精神科に行くには抵抗がある。だけどこのままではつらすぎる。だけど隣のおばさんや親戚のおじさんには相談できないし、親友もいない。まして学校の先生なんか……と。

よくわからない不透明な部分をグレーゾーンと呼びますが、真っ白でもない、真っ黒でもない、どこに行っていいかわからないで中間で漂っている人は、おそらくとても多いと思います。

ACという言葉は、こういうグレーゾーンにいる人をひきつける言葉でもあります。またそうした人たちはおそらくACなのかもしれません。

親が幸せで、子どもも幸せというのは、実は例外的なことかもしれません。

本書を読んでいるあなたが男性なら、男というものはで始まる男らしさの幻想や、二〇歳を過ぎれば親から自立できるということが、まったくまやかしであるとわかってもらえるでしょう。

アルコール依存症の男性とのカウンセリングで、「どうしてあなたはお酒を飲むんですか。酔うことで何を得ようとしているのでしょう」「酔いのなかでしか自分の苦しみを表現できないなんてとてもみじめで悲しいことだと思いませんか」と話すことがあります。

たいていの中年の男性は自分の人生を語る、自分のことを語ることが非常に下手です。自分の弱い部分を話して聞いてもらうなんて、恥だと考えているのでしょう。でも、アルコール依存症になり、酒をやめた男性たちは違います。アルコールで酔うことなしに、自分の弱さや、親との関係について話せなかったと認めることができるからです。しらふで自分の弱さを話すこと、そして聞いてもらうことでどれほどほっとできるかを知ってもらいたいし、その快楽をもっと味わってほしいと思います。男性だけでなく女性も、アディクションからの回復過程でACであることに気づく人は多いものです。

ACコンセプトにひきつけられたら、信頼できる専門家を介して、自分のことを、自分と親との関係を少しだけ話してみましょう。それがどれほど自分を楽にするのかを体験してもらいたいと思います。

第3章 アダルト・チルドレンという人たち

1　アダルト・チルドレンのグループカウンセリング

一九九五年一二月から開始した女性ACを対象としたグループカウンセリングをACGⅡと呼んでいます。原宿カウンセリングセンターでは、主として二〇代の男女を中心としたACのグループカウンセリングを実施していて、そのグループはACGⅠと呼んでいます。

ACGⅡでのルールはふたつです。ひとつは親と子という縦系列、つまり「自分と親」について話すということ。夫との関係や、子どもとの関係は最初はできるだけ話さないようにします。もうひとつは、一クールの最終回である一〇回目には生育歴を発表するという点です。

生育歴のまとめ方は参加者にまかされています。こうでなければ、というルールはありません。発表時間を二〇分以内（長くても三〇分）にまとめるという時間制限だけが決まっています。

子どもの問題行動

グループに参加をしている人たちは、もちろん「私はACだ」と自己認知している人ばかりなのですが、動機はさまざまですが、次のようなタイプに分けることができます。

まず子どもの問題行動がきっかけで、カウンセリングの場にやってきた人たちです。

娘の薬物の問題、息子の引きこもり、親への暴力などです。彼女たちはいずれも、多くの専門家たちから「母親が悪い」と言われ、夫からも「お前に育児をまかせたのに……。何をやっていたんだ！」と責められつづけてきました。子どもの問題は母親の責任にすれば事足れりとする日本の風潮は変わりません。

彼女たちが少しでも楽になるために、まず私たちは〝過剰に自分を責めないこと〟というアドバイスをつづけます。母親が楽になって生き生きと元気になれば、子どもも楽になるでしょう。楽になることが、問題解決の第一歩になるのですから、こんないいことはありません。

自分の子どもが問題を起こしてくれたことで、彼女たちは自分を見つめるチャンスが与えられたのです。さらに、自分が子どもに何をしてきたかを振り返ることで、自分が親にどのように育てられたかが見えてきます。そして自分と親との関係を見つめたいと考えるようになったのです。

配偶者選択

二番目は夫の問題がきっかけでカウンセリングにやってきた人たちです。やはりいちばん多いのは夫のアルコール問題です。

なかには暴力を逃れて別居していたり、ギャンブル依存の夫との離婚を決意している人もいます。

結婚して家族を形成し、子どもは順調に高校、大学と進んでくれて何も問題がなかったのに、自分が五五歳になったころ、夫がギャンブル依存になったことで、結局は離婚したという人もいます。彼女は家を出て独り暮らしを始め第二の人生を選びますが、もういちど、自分をきちんと見つめようとしたときに出てきたのが、なぜあのような夫を選んだかという振り返りと、そのなかで自分に重くのしかかっていた親の問題でした。そのことを、整理しようと思ってやってきたのです。

なぜ離婚をしてから、親との問題が出てくるのでしょうか。

彼女たちは過去何年も、このような夫の行動で苦しみつづけてきたのです。どうしてそんなに不幸な夫婦生活をここまでつづけてきたのかと考えてしまいます。なかには、結婚の早期から「私たち夫婦はおかしいな」と思っていたのに、それでも別れないできたのはなぜだろう、どうしてこんな夫を選んでしまったのだろうか、という問いを自分に投げかける人もいます。

これを「配偶者選択」の問題といいます。

彼女たちの「配偶者選択」の動機は、自分の生まれ育った家族から、一刻も早く逃れたいためであったり、あるいは自分にしがみついてくる男を、愛されていると錯覚し、「YES」と言ってしまったり、父親とまったく違うと思っていたのに同じような人を選んでしまっていたりと、さまざまです。しかし、いずれの場合も自分の「配偶者選択」に、両親の存在が深く影を落としているということに別れてから気づくのです。

マインドコントロール

三番目は最初からはっきりと親との関係に困ってカウンセリングにやってきた人たちです。

思春期の親との関係は「自立」の問題をはらんでいるのでわかりやすいでしょう。しかし、中年期の場合は社会的にはいちおう「自立」を果たしているわけですから、わかりにくいものです。

順調に学校を卒業し、仕事もして、やがて結婚し子どもを産んだものの、子どもが不登校で夫とうまくいかなくなり、離婚に至った人がいます。

彼女は離婚を機に、また不登校の子どもとの関わりを通して、あらためて自分自身の親子関係を考えてみることにしました。すると、今までとてもいい親だと思い、離婚したことを申し訳ないと思っていたのに、なんだかおかしい。なぜ自分は、親のことでこんなふうに苦しむのだろう、と考えるようになりました。ときには、母親の顔を見るのが苦痛になりました。離婚のショックで理想と考えていた親のイメージが変わってしまったのではないかという不安や、親に対してのとらえ方がこんなふうに変わってしまっていいのだろうかと困惑するようになりました。

ある日、彼女は親からの期待が、とても重くのしかかっていたということに気づきました。親からの期待とは、「世間に迷惑をかけてはだめ」「まじめに生きないと」「世間に恥ずかしくない結婚を」といった圧力です。

誰でも自分の親から、与えられる人生観を身につけ、その後の生き方を方向づけられながら成長します。

それに対して、疑うことなく生きてきたのに、肝心の自分の家族そのものが破綻をきたしてしまったのです。そのとき初めて、親は私のためにと思って育てたのだろうが、それは果たしてどこかおかしかったのではないかと疑問を抱いたのです。

親はどうして小学校のときから期待という名のもとに自分を走りつづけさせたのだろうか。親の言う期待とは、本当はなんだったのだろうか。走りつづけて、何度も息切れをしそうだった自分は、実は苦しかったのだと気づいたのです。言い過ぎかもしれませんが、それをマインドコントロールと呼びましょう。その結果、自分の苦しさと、親からの期待とが結びついて、親の期待に沿ってその通りに生きてきた自分の物語が見えてきたのです。

2　いい子として育った人たち

なぜこんなに子どもが苦しむのか

「私はACではないか」「あなたはACだと思うからカウンセリングに行ったらどうか」という人たちと、カウンセラーとしてお会いするようになったのは一九八九年前後からでした。

精神科病院に親がアルコール依存症で入院していて、その主治医からあなたもカウンセリングが必要だとすすめられたという人もいます。アルコール依存症を積極的に治療している病院のスタッフは、八〇年代の終わりにはすでにACという視点から多くの家族を援助していたのです。

しかし、当時はACのカウンセリングを実施するところは少なかったので、私たちの職場には、それこそ男女を問わず二〇代から五〇代までのACと自認する人たちが訪れたのでした。

いちばん大きなきっかけをつくったのは、先述のクラウディア・ブラック『私は親のようにならない』という本でした。それを読んで、カウンセリングを求めてくる人がかなりいました。

ひとつのエピソードを紹介します。

一九八〇年代、都内のある保健所で酒害教室が開かれており、私はそこに専門家として参加していました。

アルコール依存症の本人やその妻の話を聞いて、酒をやめるとこんなに人間が変わるのかと素朴に感動して、涙を流してしまう場面もよくありました。そんななかで、母親といっしょに参加していた高校生の女の子が、すっと立って「〇〇です。私も父がお酒をやめてから、こんなに幸せになりました」と話したことを強く記憶しています。

その二〇年後、都内で行なわれた私の講演会が終わった後でひとりの女性が近寄ってきて「私、ACなんです」と言うのです。なんとなく顔に見覚えがあったものの、あのときの女子高生だとわかるのに、時間がかかりました。

彼女は、講演会を聞いて、父親も母親のこともよく知っている私とのカウンセリングを希望したのです。その後五年間定期的にお会いすることで、アルコール依存症の家族で起きていたことは、子どもの立場からの経験を聞かなければ、理解したとは言えないと思ったのです。そして、アルコール依存症の家族はなぜこんなに子どもが苦しむのか、そのなかで生き延びることがどれほど過酷なことなのか、が初めてわかる気がしたのです。

そのすさまじさというのは、別に殴られているわけではない、お金がないわけでもない、寒空に放りだされるわけでもない。少しも目に見える傷はないのですが、家族の関係や情緒的な過酷さは伝わってきました。精神的な症状や問題が表れなかったこと、そして、病気になれなかったことにおいて、逆にとても苦しかったろうなと思いました。

では、アルコール依存症の父親だけが問題だったのでしょうか。私には、母親の問題もよくわかる気がしました。目の前に座っている彼女は、二〇年前の保健所で出会った母親の顔にそっくりでした。

父母子の三者の苦しさは、どうしたら変われるのでしょうか。

ひとつは、ひとりが病気になってしまうことです。もうひとつは、こんな苦しいことってあるのかと、ひとりが残るふたりを暴力で攻撃することです。最後のひとつは、誰かひとりがこの関係から退却することです。

たいていこれらの行動を起こすのは子どもです。なぜ子どもがやるのかというと、自分で選んでいるわけではないぶんだけ、いちばん苦しいからです。父と母は自分が選んで結婚したのですから、配偶者を選んだ自分の責任があります。しかし、子どもは親を選んで生まれてきたのでもなく、その家族を脱出する力もありません。ほんとうにその苦しさは耐えようもないのです。

ですから、いちばん最初に問題を起こすのは子どもであり、それはさまざまなかたちで表現されます。思春期の問題行動などもこうしたことと重なります。苦しさのなかで家から出ようかと模索しますが、脱出して生きてはいけません。経済力もないし、実際の社会のしくみもよくわからないからです。なんとか居ながらにして脱家族ができないものかとひたすら考え込むのです。

家族の生きづらさ

私たちはACというコンセプト、ACという言葉で、現代の大多数の、典型的な中流家族のなかで育ったとてもいい子たち——まわりの目を気にし、周囲の期待を先に先に読んで、おもしろおかしくしてその場をもたせて、明るさを支えている若者たちの、ある苦しさを切り取ることができます。

そうすると、アルコール依存症の家族が、少し形を変えて摂食障害の家族となり、さらに薄まってどこにでもある家族の問題へと広がっていくのが見えてきます。

それはどうやら、今の世の中の生きづらさにつながっているのかもしれないと思われます。

飲んでいる夫と離れない妻との関係を見てみましょう。

人間と人間がくっついて離れないのは幸せだからでしょう。快適で、楽しくて離れないでいること。

これはとても健康的なことでしょう。でも苦しくて傷つけられながら、それでいながら離れられないでいるのはなぜでしょう。毎日が過酷であり限界をおぼえるにもかかわらず、それ以外の関係が見えないからです。経済力のない自分がそこから離れたらどうなるのか、自分にとって他の関係はないのではないか、たとえ離れたとしても、あとはものすごい孤独と空虚、そして貧困が待っているだけとしたら、たとえ苦しくてもいいからそのような環境が自分の居場所だと思うしかありません。そうやって生きているのは、一部の女性だけでしょうか。日本に生きている、私も含めた多くの人たちの生きづらさと、彼女たちとはそれほど距離がないと思わされます。

3　支配・被支配の関係

生活のすみずみに浸透するコントロール

ＡＣという言葉の背後にある嗜癖《しへき》（アディクション）の問題、それに共依存の問題、さらに家族の問題は、外から見ると模範的な家族にも発生します。父、母、子が仕事熱心、良妻賢母、勉強熱心と、三者三様によかれと思ってやっていることのなかに何があるのでしょうか。

それを「支配」と呼びましょう。「支配」のことを、別名コントロールと呼んでもいいでしょう。たとえばそれは、もっと勉強しなければいけない、社会に出るためにこうしなければいけない、こうあるべきだ、と駆りたてるものです。

ワーカホリックの人たちはもちろん企業からコントロールされているわけで、もっと仕事を頑張らなくてはいけない、もっと自分を会社の役に立つようにしたいと、追い立てられるようにして生きています。子どもは子どもで母親のコントロールを受けて、そのコントロールに沿おうとする。それが過剰になると、今度は自分がコントロールして弟や妹を追い立てて支配しようとするかもしれない。昨日と同じ自分であってはいけない。今日より明日はより良くという頑張りも、よく見ると同じようなコントロール（セルフコントロール）に入ります。

生活のすみずみにまでコントロールは入り込んでいて、今のままの、そのままの自分でいてはいけないのではないか、という不安が私たちの生活を覆っています。

私たちのまわりには、こうした支配と被支配の関係が存在します。しかし、いじめる人が強くていじめられる人が弱いというように、強者が弱者を抑圧するといった二極にはっきりと分かれているわけではありません。いじめ・いじめられ関係は、支配と被支配があたかも食物連鎖のようにずっとつながっていきます。鎖のように連なって、そのふたりが、いじめながら、いじめられながらくっついているのは、とても奇妙に思えます。支配と被支配の関係は決して水平にはなりませんので、支配する人は支配される人を必ず必要とするからです。

そして、支配される人は支配する人から、苦しみながらもときには離れることができないことについては、前項でも述べました。

そこには人間関係の脈絡として対等なものはありませんので、そのような家族で育った人は支配・被支配関係に対してとても敏感に反応します。ＡＣの人たちがその場の人間関係をすばやく察知したり、読み取ったりするということは、自分の生まれ育った家族の支配・被支配関係がとてもはっきりしていたということだと思います。

機能不全家族〜ACOD

ACは診断的な言葉ではなくて、自分がACだと思えばそうなんだという自己認知の言葉だということ、これを押さえておいてもらうのがもっとも重要なのですが、もうひとつ大切な言葉があります。

ディスファンクショナル・ファミリー、日本語に訳すと機能不全家族という言葉です。機能不全家族というのは、一口に言えば家庭の〝空気〟の問題のことを言います。機能不全家族のルールは、否認、硬直性、沈黙、孤立などです。そうしたものを漂わせている家庭の空気、皮膚感覚で感じられる家族の雰囲気・関係です。

たとえて言えば、ズーンと重い空気があったり、外よりも寒々とした空虚さ、あるいは何かしら張り詰めたような雰囲気、または自分に対しての親の関心や目が、クモの巣の網の目に入ったように（網の目状家族）、まわりを行きかう思惑が自分を絡めとる、というような状態です。

ところで、嗜癖という難しい言葉をここまで何度か使用してきましたが、英語ではアディクションと言います。たとえば、父親はアルコール依存症ではないけれど仕事依存症やギャンブル依存症だとか、酒は飲まないけれどひどい暴力をふるうというように、「アルコール」に置き換えることのできる他の習慣的な問題行動のことです。

そもそもACはACOA（アダルト・チルドレン・オブ・アルコホリックス）、つまりアルコール家族で育った人のことを言っていたのですが、一九八九年、日本でACのグループカウンセリングを始める際に、父親がアルコール依存症ではないけれど、別の嗜癖を抱えているという人たちも、是非参加したいという要望が続出したのです。

このような理由もあって、ＡＣＯＤ（アダルト・チルドレン・オブ・ディスファンクショナルファミリー）、つまり機能不全家族で育った人たちもＡＣとひとくくりにするようになったのです。このことでＡＣの対象が大きく拡がったのは事実です。

〝あとがき〟にあるように、二〇二一年の時点で、私は「機能不全家族」という言葉を使用しないようにしています。その理由も含めてご参照ください。

嗜癖とは何か

ＡＣが、何かわけがわからず、ひたすら苦しい、生きづらいと言っている人だとすると、この言葉は流行語として風船がしぼむように忘れ去られていくだろうと思います。今までシンデレラ・コンプレックスとか、モラトリアム人間だとか、いくつかの言葉が世の中を賑わせて消えていったように。でも、ＡＣという言葉は消えないと思います。実態があるからです。「嗜癖」やアルコール問題という問題の実態があるからです。

ＡＣと自己認知することでその人は楽になるし、ＡＣという言葉を媒介として専門家が関わることができます。アルコール依存症の治療の歴史という厳然たる長年の積み重ねがある上に、このＡＣという言葉が加わってさらに積み重なっていくでしょう。

そこで、嗜癖というものを理解していただかないといけません。

嗜癖は、簡単に言ってしまえば、依存症と同じと考えていいでしょう。

最近の世の中を読み解くキーワードは嗜癖なのです。いじめも嗜癖という視点を加えると、わかりやすくなるでしょう。お母さんがパチンコをして、子どもを車のなかに置き去りにして死亡させてしまった事件、これも嗜癖という観点が必要とされます。では、夫がずっと妻を殴っているのに「どうして、私はこんなに殴られながらも、逃げずにこのうちに戻ってくるんだろう」と妻が言うのも嗜癖でしょうか。嗜癖は万能なのかと思われるかもしれませんが、暴力と嗜癖は分けて考えるべきというのが、二一世紀になってからの変化です。嗜癖は本人の意志ではどうしようもないことが前提となっています。しかし、暴力はあってはならないことで、本人の責任を問う必要があります。このように「意志」の問題が暴力と嗜癖を分かつことになります。この点は重要なポイントとなります。

さて、人間は何かにはまりやすい存在です。

いちばんよくわかるのは、「飲む、打つ、買う」です。飲むはアルコール、打つはギャンブル、買うは女（性）です。ギャンブル、性、薬物（酒）、この三つは昔から、人間にとって魅力的なはまりやすい対象でした。人間は、そういう魅力的なものを脇に見ながら、ちょっぴりやってはまじめになってということを繰り返して生きてきました。ところがなかには、適当にやろうと思ったのにズブズブと底無し沼のようにはまって、もう抜き差しならなくなって、命まで落とす人もいます。

人間は、快楽とかスリルとか、ある種の快感に身をまかせて、はまりやすい存在なのです。この、はまることを嗜癖と言います。何かに没頭するときに、その目的が信じられているときには、切り上げることができます。ところが、価値が見いだせず目的がなくなってしまうと、刺激はそれそのものが目的になってしまいます。

たとえばお酒です。明日のために飲むこのビール一杯がうまいな、というふうに飲むと、ビール一本で切り上げられます。ところが、それをずっとつづけていると、いつのまにかビールを飲むために働くようになります。働くためにビールを飲もう、から、働いたからビールを飲もう、ビールを飲むために働こう、そのうち、働かなくなって、ビールばかり飲むようになります。これがアルコール依存症の進行であり、アルコールへの嗜癖です。そもそもが手段だったものが目的になってしまい、それにはまっていくのです。

あらゆる人の行動は合目的的であって、何かのために、つまり生きるために必要であるから行なわれると言われています。ところが習慣は目的がなくなっても残ることがありますし、意味がなくなっても残ります。残るだけでなく、目的を失った行動そのものが自己目的化してゆくのです。たとえば働くことの意味や目的を失っているのに、働くことそのものが目的になってしまう。これを「嗜癖」と言うのです。行為が自己目的化するというのは、一種の退廃とも言えるでしょう。

「目的を失った行動」は、アルコールや薬への依存のように一部のだらしない人がはまるものだと思われていたのですが、最近ではいろいろな嗜癖が浮上してきて、水面下で非常に広がっているという怖い状況になっています。

地方都市に住んでいる人は、車さえあればどこにでも行けます。道路の脇には必ず大きなパチンコ店が目に入ります。そこに入ってパチンコをしても、最初は時間とお金を決めてやれば大丈夫だと思っています。でも、五万稼いだ、六万損したというアップダウンの刺激にはまってしまうと時間で切り上げられなくなって、その間に車のなかで待たせている子どもは熱中症で死んでいるかもしれません。

ハマる（はまる）という嗜癖の根底には、快楽があります。「快」と表現してもいいでしょう。スーパーで買うスイカ（西瓜）より、畑で盗んだスイカのほうがうまい、配偶者より不倫相手とのセックスの方が快楽は大きい……というように、「快」は恐怖や罪悪感を伴うことで、はるかに深くなります。もしくは、恐怖や絶望を一瞬でも忘れられることも、「快」です。アルコールを飲んではいけない、過食なんかしてはダメ、という禁止が強いほど、飲酒や過食をしたくなるというのは、とても逆説的ですが、本当です。こっそり飲むアルコールや深夜の過食は、この上ない「快」をもたらすからです。

苦しさや絶望を忘れるための嗜癖は、二一世紀では「生き延びるためのアディクション」として、トラウマとの密接なつながりが指摘されるようになっています。

母の感情のゴミ箱にされる子ども

嗜癖という視点で見ると、いくつかの、繰り返される関係が見えてきます。そしてそこをさらにつらぬくものは支配・被支配の関係、コントロール・ドラマです。

言葉で「対等な関係」というのは簡単ですが、こんなに難しい関係はありません。人が人を支配しないですむ、支配されないようにする、こんなに難しいことはありません。人は、支配されたほうが楽だからです。支配する、支配されるということは一種の依存関係を表しています。人は何かに依存して、何かに支配されて生きたほうがずっと楽なのです。

たとえば父が母を支配するとき、母がそれなりに成熟した女性であれば（成熟した女性がいるとして）、そこで支配を止めて、自分より弱い存在を支配しないように努力するでしょう。その子どもは家族のなかのコントロールからは自由でいられます。ところが、自分の苦しみを自分で抱えられない女性は、その支配された苦しみを、必ずと言っていいほど子どもに垂れ流します。ゴミ箱のように。「お母さんは苦しいの、お父さんはこんなひどいことをするのよ」と言ったら、子どもはその感情を受けざるをえません。母が壊れてしまったら、この家が壊れてしまう、そうなると自分の居場所がなくなるからです。

夫にされたこと、姑に言われたことを子どもに垂れ流す。子どもは誰にもそれを言うことができず、母の感情のゴミ箱のようになってしまいます。

これは虐待以外のなにものでもありません。子どもが聞いてくれると、母親は「やさしい子だ。私の育て方がよかったから、こういうやさしい子に育ったのよね」と、子どもがどれくらいせいいっぱいに受け止めているかも知らないで、鈍感で無神経なことを思いがちです。母親はあまりにも子どもを知らなさすぎるのです。ときには、自分も祖母のゴミ箱として育てられてきたから、子どもに仕返しをしているのではないかと思うことさえあります。愚痴を子どもに言ってはいけません。それは、母から子へのコントロールです。その支配の末端にいる子どもはいったいどうしたらいいのでしょうか。

自分勝手に結婚した夫の愚痴を子どもに言うな――これは母親の原則です。

いじめる、いじめられるという関係は、たしかに教育の問題も大きいですし、地域の力が衰退したことも関係します。でも、残念ながら私はやっぱり家族の問題も大きいと思ってしまいます。家族が悪いと言っているわけではありませんが、家族のなかにいじめの一種が存在するのではないでしょうか。誰かが誰かをいじめるのが日常の家族は珍しくないでしょう。

いじめられたらいじめ返せと言う人もいるかもしれませんが、お前は誰のおかげで食べているんだと夫が言ったら、主婦はひとことも言い返せないでしょう。真剣に働いて、今までの扶養家族手当てを返してやるわ、と言っているうちに歳をとってしまいます。決して言い返すことのできないような、つまりスペードのエースのような切り札で、妻の反論を封殺するような男は、「卑怯」の二文字につきます。

ジェシカ・ベンジャミンは『愛の拘束』（寺沢みづほ訳、青土社、一九九六年）のなかで、支配のしくみについて述べています。簡単に言ってしまうと、AとBが差異を認めながら自己主張することはたえず危ういバランスによって成り立っており、意識的に関係をつくらないとバランスは崩れ、支配・被支配の関係に滑り込んでしまいやすいという考え方です。

家庭というものは、勝つ負けるというものから自由でなければいけない、と思います。支配する、されるから自由でなければなりません。つまり自分が自分のままで生きられて、何か安心できて、ご飯がおいしく食べられて、だらしなくしていても許されて、自分が何か言ったら聞いてくれる人がいる、それだけでいいのではないでしょうか。現実にはそれが全然ない家族がどれほど多いことか。日常生活が、いつどこで襲われるかわからないので、完全防備の生活だという人も多いのです。

それがＡＣという言葉の広まった背景なのでしょう。

4　過剰な適応能力

過剰適応、その後

すでに述べたＡＣの三類型ですが（①責任を負う子ども：責任者／②なだめる子ども：調整役／③順応する子ども：順応者）、いずれも単独で見ると、ぜんぶ生きるためには適応的なタイプです。三つを適度に使い分けてできればいいわけですが、そのなかの、ある特定のパターンの行動しかとれないことが、その人の生きづらさを生じさせるのです。

あまり比べることはできませんが、いちばん大変なのは、責任を過剰に負うタイプです。なんでもやってしまうので、家族が全部その人におんぶにだっこになってしまう。特に女性だと大変です。育児にも仕事にも頑張りすぎてしまいます。

この人たちは「いや」とは言えません。何か頼まれたら、それだけでうれしくなってしまって、こんな私に頼んでくれたとよろこんでしまいます。やりすぎほど仕事をしているのは、この過剰に責任をとるタイプだというのは、想像していただけるでしょう。

三人いると、三人が三様に三つの類型を受けもつのも不思議なものです。ひとりしかいない場合はどうなるか。これは三つを使い分けたり、もしくは飼っているペットがあるタイプの役割をするとか、家族というのは不思議なもので、そういう役割分担が自然にでき上がるのでしょう。

こうして生き延びた人たちは、ものすごい適応能力を育ててきたと言えます。適応の上に過剰がつく、過剰適応能力です。周囲の環境が過酷で過剰なまでに危険だと、過剰な適応能力が育ちます。過剰と過剰がマッチングすると言えます。

ところが、その家族を一歩出るとどうなるか。

この人たちはたいてい「こんな家は早く出たい」と思っていますが、周囲が過剰でなくなるときに、それに合わせて自分の過剰適応を修正できるかどうかが問題です。実は、この人たちは自分の過剰適応に気づいていません。その人たちのデフォルトは過剰な家族だからです。「私は、あんな家族は捨てて、こんどこそ自分で好きな、幸せを絵に描いたような、夫がいて子どもがいて、庭には花が咲いていて、私はソファに腰掛けて編物をするのよ」みたいな夢を描きますが、残念なことにやはり、やることは過剰適応の一種です。

だから家族の外に出てみたものの苦しくてしかたがない。どこに行っても自分で仕切ってしまったり、どこに行っても周囲のことばかり考えたり、どこに行っても仲よくなりたいと思いながら孤立したりします。その理由もわからず、ただ「生きづらい」と感じるしかないのです。

アダルト・チルドレンの直感力

ＡＣの人特有の感覚には、次のような特徴があります。

「ＡＣのランドリー・リスト（洗い出しのリスト）」――ニューヨークのＡＣの自助グループのメンバーが自己点検のためにつくったと言われるもの――によると、孤立感、極端な自己評価の低さ、愛と同情の混同、怒りや批判への怯え、自分の感情に気づき表現する能力の欠如、自己肯定感のなさ、絶望的なまでの愛情と承認の欲求、などです。

また、アメリカの研究者エドワード・ゴンドルフとロバート・アッカーマンはＡＣＯＡの特徴として、孤独感、自己非難、失敗することの恐怖、承認されることの欲求、コントロール（支配）することの要求、頑固さ、一貫性のなさ、の七項目を挙げています。

いかにもアメリカ的な箇条書きだと思いますが、これらのなかで私が重要だと思うのは「承認への欲求」です。

他者から承認されることがあまりにも少なかった人生を通して、ＡＣは自分で自分を承認することすらできないで生きてきました。それは彼らのしばしば口にする「居場所のなさ」の感覚、「生きていてもいいのだろうか」「この世の中に存在してもいいのだろうか」という感覚とまったく重なるものなのです。

親の不幸、親から受けた傷を「私のせいである」「私が悪い子だから」と思うことで過剰に背負ってきた彼らは、自分が存在しなければすべてはもう少しましであったかもしれないという感覚を、人生の早期に、心のどこかに刻みこんで成長してきました。

そして、周囲の人々に気に入られ見捨てられないための過剰で必死の試みを繰り返します。なぜなら、彼ら彼女たちにとっていちばん安全であるはずの親が自分をもっとも傷つけるという状況のなかで生き延びてこなければならなかったのです。そのために自らの安全を守るのに必要な、対人関係における動物的とも言える直感を研ぎ澄ましてきたのです。

彼らが生き延びてこれた根底にある力は、瞬時に相手を判断する直感力かもしれないと思うときもあります。それはいわば彼らがこれまでの人生の悲惨さとひきかえに身につけた、身を護る道具なのかもしれません。

第4章 性虐待と機能不全家族

1　夫婦関係の崩壊と性虐待

親子カプセル

雑誌のライターであるACの女性には、ひとつ、気にかかる記憶がありました。

彼女はそれを思い出すことにずっと恐怖を抱いていました。あるとき、お風呂に入っていると、どこからかはわからないけれど、父親の視線を感じたのです。しかしそれは自分の考え過ぎだと思っていました。

カウンセリングで語るうちに、彼女は思い出すことが増えてきました。たとえば、夏のある日、自室でノースリーブを着ようとして、はっと父親の視線に気づくこともあったと言います。それからは、夏になってもノースリーブ姿では父親の前には出ないようにしました。一方で自分の考え過ぎだと思い、あんな立派な父を疑ったりするなんてと、自分を責めてきたのです。

親にされたことのなかで、表立って言えないこと、はっきりと責められないことのひとつが性的なことがらです。子ども虐待の問題に関わっていると、〝性虐待〟についてもしばしば事例として出会うことがあります。日本では少ないのではと言われてきましたが、父と娘のこのような問題に、カウンセリングの場面でしばしば出くわします。

性虐待（セクシャル・アビューズ）は、レイプ（強制性交）や、性器に触れたり触れさせる行為ばかりではなく、視線、言葉、雰囲気によっても起こります。保育や幼児教育の現場で、ときには年齢不相応な性的遊びや行動が認められた場合、性虐待が疑われることになります。また、近親者などの言動に対し、子どもが違和感を感じてそれを言葉にすることが発見のきっかけになったりします。

それに対して、思い過ごしだ、意識過剰だ、妄想だ、ときには嘘だと言うのはどうでしょう。カウンセリングでは、父の視線にとても怖いものを感じてお風呂に入れなかったという人がいたら、その感覚を事実としてとらえます。この場合、客観的という言葉は無意味でしょう。その人の感じたこと、主観的な経験は、その人にとっての事実なのですから。

夫婦の結びつきは性的なものです。唯一合法的な性行為が夫婦の前提となっています。その結果子どもが誕生しますが、子どもが成長するまでは性的なことがらはタブーとして隠蔽されなければなりません。それは親の義務でもあります。子どもが性的に成熟し、親の性的な部分と抵触するようになれば、子どもを家から出して独立させてしまうほうがいいのです。

文明社会は、近親姦というタブーを犯さないようにいくつかの装置をつくってきています。しかし、両親間の嫌悪感、性的なコミュニケーション不足、情緒的な不一致などがあると、両親から成る夫婦サブシステムと子ども（たち）というサブシステムとの間の世代境界が脆弱になってきます。なぜなら、崩壊しそうな夫婦のサブシステムに代わって、親の片方と子どものひとりが過剰に近い存在になりがちだからです。夫と妻のつながりよりも、父（母）と子どものつながりのほうがはるかに強いとき、それは〝親子カプセル〟と呼ばれたりします。ときには父の性的関心が、子どもに対してにじみでるようになることもあります。

「にじみでる」のは、親が、特に父親が酒を飲んでいるときが多いようです。一三、四歳の娘に酔った勢いで父親が性的な視線を浴びせる、性的な言葉を吐くといった場合です。そのとき娘は、父親の性的な視線や言葉によって、傷つき、侵入された感覚を抱きます。また、父の友人が遊びにきた折、酔って性的な話題を出したとき、嫌がる娘を父がかばわないことで傷ついたという人もいます。性的対象にされたことで、傷つくのです。

子どもは家族のなかに性的なものが日常的ににじみでている場合、自分の安全感が損なわれるのです。娘にとって、父親に性的な視線を浴びせられるのは、性的対象とされることであり、娘として扱う保護的役割を父が放棄したことを意味します。簡単に言えば「父から捨てられる」ことなのです。それは父の行為を拒めなかった、という敗北感も植えつけるでしょう。しかし、私たちは敗北・失敗体験をそのまま認めて生きていくことはできないので、次にそのような場面に遭遇したときに、それをくぐり抜けてみせる、という成功・勝利の体験として記憶を残したいと思います。ときにはそれが、繰り返し多くの男性と性的体験をもつ行為につながることもあります。そういう背景も知らずに、彼女たちを〝奔放な女性〟としてとらえる人もいますが、それは彼女たちへの無知でしかありません。

冒頭の彼女は、両親の間に深い亀裂があることを察知していました。どうすれば家族を維持できるかと考えれば、ふたりの間をつなぐか、母親に過剰に近づくか父親に過剰に近づくかのどちらかしかありません。

父からの視線に恐怖を感じながらも、それを否定しようと試みてきたのは、家族を壊さないためでした。父親から「勉強ができて自慢の娘だよ」と言われたりすれば、父親からの性的な視線を恐れる自分のほうがおかしいと、自分を責めてきたのです。

こうした家族の状況を避けるためには、まず夫婦の関係が安定しており、どこまで守られているかが大切になってきます。なかでも子どもを育てる母親が、最終的には「夫は自分を受け入れてくれている」「何かあったときに夫は自分を守ってくれる」と思えるような夫婦の信頼感が大切だということです。阪神・淡路大震災の後で、地震が起きたとき夫が自分を捨てて逃げてしまい、とても傷ついた妻たちがたくさんいたことが報道されましたが、いざというときの行動で信頼感がくずれ、夫婦の関係が一挙に崩壊してしまうこともあります。

屈折した権力の表現

親による性虐待についてカム・アウトしたり、論じたりすることは長い間タブーでした。しかし、児童虐待がさかんに報道されるようになって、日本でも少しずつタブーは破られつつあります。しかし性虐待については、いまだに報道されることは少ないと思われます。信じられないかもしれませんが、父親や兄、おじ、義父、祖父による性虐待の実数はかなり多い、というのが事実でしょう。

今でも娘のほうが勝手にそう思っているのではないか、と言う人がいますが、〝あるはずもない〟という常識に抑えつけられて表面化しないだけで、水面下ではかなりの女性が性虐待を受けていると思います。

カウンセリングで出会ったJKビジネスに関わっていた女性が、次のように語りました。「お金が欲しかったことは大きな理由ですが、それ以外にも社会的地位の高い父から体に触られる性虐待をずっと受けていたことや、正しい性の知識を教えられなかったことが理由かもしれない」と。

なかには、父親に幼児期から性器を触られつづけてきた人もいます。父親はごく普通のサラリーマンでしたが、家に帰り、晩酌をすると人が変わったようになるのです。小さいころから毎晩お風呂にいっしょに入り、そのたびに性器に触り、自分の性器に触らせたりしたのです。彼女は秘密めいた父の行為を、かわいがられているのだと思いこもうとしましたが、小学校二年になって初めて拒否することができたのです。もちろん、父はアルコールに酔っていたという言い逃れをしましたが、子どもにとってはそれは通用しません。

三〇歳の女性は摂食障害で大学を中退しました。彼女の父は地方自治体の議員でしたが、酒を飲んでは毎日のように、彼女が入っているお風呂を覗きました。酔ったふりをして、自分の行為を笑い話にするというような状況をわざとつくって、その勢いで覗くのです。父親が家にいるときには怖くて、ずっとお風呂に入れなくなりました。ウイスキーのオンザロックのグラスを揺らしながら、浴室に千鳥足で近づいてくるのです。氷がグラスのなかでカラカラと音をたてるのと、恐怖とが一体となって、今でもフラッシュバックが起きてしまいます。

母親はそれを知りながら、娘を守ることはできませんでした。それを夫に詰問するというような夫婦間の会話そのものが崩壊していたのです。父親が娘の身体を覗き見るのは必ずしも性欲からではありません。性虐待そのものが性欲とからめて理解されがちですが、それは間違っています。それは一種の屈折したパワーの発露なのです。管理社会の末端にいて、抑圧された感覚があるとき、性的な行為はパワーのひとつの表現になりえます。そして捌《は》け口にする唯一の存在が家族における無抵抗な子どもであり、それも娘に向きやすいのです。それが、性虐待の背景になっています。

性虐待とは性行為そのものと考えている方が多いと思いますが、それは全体の一部にしか過ぎません。軽度の性虐待は、性的な言葉をかける、性的視線を浴びせる、先の例のように風呂を覗く、などです。酒に酔った父が年ごろの娘の胸を見て、「男には気をつけろよ」と言ったりすることもこれにあたります。中等度のそれは、通りすがりにお尻や肩などに触る、それとなく、胸に触る、といったものです。

重度の性虐待が、性器接触や性行為を指すのです。

このように親から子へ性的な言葉や視線などが、一方的に浴びせられることは、子どもにとっては性虐待になります。日本の家族では、これまで多くは「笑い」によってごまかされてきました。笑いとばすことでなんでもないことにして流してきたのです。そして当の父親を「しかたのない人ね」と子ども扱いして免罪してきたのです。

家族に限らず、男から女への性暴力は、今でも「いたずら」という言葉が使われることで象徴されるように、大人である加害男性を「子ども扱い」することでかばい、うやむやにしてきました。母親がそれに加担してきたのは、権力者である夫の側について家族を維持しようとする、中間管理職的なずるさからでしょう。もしくは、彼女たちの性的傷つき（夫が性的対象として娘を選ぶ）のあまりの深さに戸惑い、「笑う」ことでなんでもないことと思いこもうとしてきたのではないでしょうか。

あなたにはなんの責任もない

「性虐待を受けた女性は、三回の虐待を受ける」という言葉があります。

これはどういうことでしょうか。まず第一は当の父親や兄から性虐待を受けることです。そのことの意味を知り、苦しみ、唯一の味方であるはずの母親に打ち明けるのですが、多くの母親はそれから守ってくれようとはせず、「あんたがいやらしいからだ」「嘘をつくんじゃない」などと反対に娘を疑うようなことを言ってしまいます。これは、女として妻として、自分が傷ついたことへの防衛が先に立ち、自分自身を、そして家庭を崩壊させまいとして、夫から娘を守るということが後回しにされることから起きます。娘はこのことで二回目に傷つきます。娘の多くは絶望し、そのことから派生するさまざまな症状（パニック障害、自傷、解離、など）が表出されることになります。最後の希望として、精神科医ならわかってくれるだろうと受診すると、そのまま信じてもらえず、なかには妄想や虚言と判断されることもあります。こうして、彼女は三回傷つけられることになります。ここまでくると、絶望して誰も信じられなくなるのは当然のことでしょう。

性虐待を受けた人のカウンセリングでは、私たちがやることはただひとつです。

「あなたにはなんの責任もありません。あなたが話されたことは妄想ではなくて、事実だと思います。あなたは被害を受けたのであり、傷つけたのは親なのです」

これらを繰り返し話します。それでも被害者である彼女たちは、やっぱり私が悪いのではないか、ここまで育ててもらったのは誰のおかげなのか、と思いつづけてしまうのですが。

性虐待を受けた女性は自分がどうしてそのような行為を受けなければならなかったのかという理由が、まったくわかりません。被害を受けた理由、加害者があのようなことをした理由を考えつづけます。ときにはその意味を見つけるために、「親は自分を愛しているから、こんなことをするんだ」と親を美化することもあります。どうしても意味づけができない場合、最後の手段として「私が悪い子だからなんだ」と考えるようになります。自分が悪いというのは究極の理由づけなのです。「父親は自分を養ってくれている親であり、親が悪いはずはない。自分のほうが父を誘惑するような汚くて穢れた存在だったのかもしれない」と、自分を責めてしまうのです。

そう考えると生きていくことができなくなります。だから考えずにすむように、アルコールや薬に依存したり、自傷行為に及ぶのです。統合失調症と診断され精神科に入院している人のなかに、過去をさかのぼってみると、幼いころから性虐待を受けていた例は少なくないのでは、と思います。

病気にならずに生き延びたとしても、異性（ときには同性）との関係に大きな問題が生じることは珍しくありません。実の父親から性虐待を受けた場合、素朴に男性を信じられるでしょうか。ただの友人としては明るくつきあっていても、一対一の親密な関係になることが怖くなり、その関係から逃げることを繰り返しがちです。恋人が欲しいと思いながら、どうしても性的に親密な関係がつくれないのです。

一方で、それとは反対に多くの相手と次から次へと性的な関係を繰り返す女性もいます。それはときとして取り込むか取り込まれるか、食うか食われるかの不安定で傷つけ合うだけの関係に終始するので、ズタズタに傷ついてしまいます。そうやって自分を罰しているかのような性行動を繰り返します。

児童虐待という問題

性虐待は児童虐待のひとつです。それ以外にも、殴る蹴るなどの身体的虐待、育児を放棄してしまうネグレクト、親のＤＶを目撃する（面前ＤＶ）という心理的虐待や言葉などによる心理的虐待があります。カウンセリングでお会いする女性たちは、自分が子どもを虐待しているのではないか、してしまうのではないかという恐れをもっています。子どもを叩いてしまったりする母親は、そんな自分に深く苦しんでいます。

子どもを虐待してしまうのはどうしてなのだろう、叩きだすととまらない、自分のなかに悪魔がいるなどと、その苦しみを語ります。私はその人たちに対して責めることはしません。

ここで、児童虐待は女性の問題、母から子への虐待だとする風潮に異論を唱えたいと思います。

男性（父・義父）による虐待がどれくらい多いかは、あまり知られていません。日本の場合、父が子に接する時間が少ないこと、さらに相変わらず育児の担い手は母であるという考えが主流であることで、見えなくされているだけでしょう。

男性の場合は、自らの虐待行為を認めません。しつけだったと言い張るのです。まして母である女性が苦しむように、子どもを傷つけたことで苦しむ男性は皆無かもしれません。性虐待の加害者である父は、自分がやったことが虐待ではないと否定します。子どもや妻に対してふるった暴力に対しても、自分が悪いとは思っていません。その行為で深く傷つき、自分を責める男性には、私は今まで出会ったことがありません。いったいなぜでしょう。どうして父と母でこんなに違いが生まれるのでしょう。最近では、男性の側からこのような暴力についての研究が行なわれるようになっており、「家族とは自分の思うままになるものだ」という男性の所有意識や特権意識が背景にあるという指摘もあります。それは男という存在が暴力の行使を無言のうちに社会的に容認されていることと関連するでしょう。

このような夫の意識とつながっているのが、母になること、母であることの「権力」でしょう。自信がない女性でも、子どもを産めば「母」になれます。「母」というだけで、日本では社会のなかで一定の位置を占めることができます。不完全で未熟な女性が、母になった途端に母性が湧き、理想的な愛情に満ちるわけではありません。母になることは、社会で生きていくための一種の「通行手形」「パスポート」のようなものです。しかしそれを手に入れたとしても、基本にある不安や自信のなさは変わらないでしょう。この自信のなさをカバーするために、ときには子どもを思い通りに支配するのです。

2 「家族」とは

家族の定義はありません

こう書くと驚かれるかもしれません。社会学では家族について明確な定義がないということを、研究者から聞かされました。

一般的に、家族像として多くの人がもっているものは、第一に「安全基地」という認識ではないでしょうか。そこに帰れば安心でき、外の世界で受けた心の傷が癒やされ、明日の勇気が湧いてくるところ、という像です。夫と妻が合法的な性行為を行ない、子どもが親の愛情をもらえるという、人間関係の基本になる「安全基地」。これが一般的な家族イメージだと思います。ホッと安らげる場所で、外の世界で満たされないものをそこでは満たしてもらえるというようなもの。一般的な家族像はこのようにプラスのイメージで満たされています。理想の家族とはそういうものだと思います。

男女の性別役割分担意識は厳然として存在していますが、常識的には、男性が「俺が支えているんだ」という意識をもっていることは珍しくないでしょう。一方で女性の側にある「私が支えているんだ」という意識、その支え方は男性とは違うのではないでしょうか。

そうした家庭内での男女の役割分担がどちらも対等であり、水平的な関係であれば、それほど問題がないと思います。

経済的基盤を夫が支える。育児や家事を妻が支える。どちらにも優劣はないはずですから。

問題が出てくるのは、夫が「俺が金を出して支えているんだぞ」と妻を支配しようとする場合です。「誰のおかげで食べていられるのか」などと言われれば、妻はそれに対して「この家庭は私がいなければ」「私が支えているのよ」と考え、ときには主張したとしても、夫からの支配に対して理不尽な思いをするようになるでしょう。

夫が収入のすべてを稼いでいるというのは、単なる「事実」です。しかし、それが妻に対する主従関係を表す言葉につながっていく。つまり「支配」になったとき、妻は苦しくなるのです。夫と妻の受けもつパートが違うという事実、この役割分担と、それが支配・被支配になるのとは別の問題です。経済力で家族を支えることと、家事・育児をして家族を支えることの間に支配・被支配の関係があること、上下があることが問題なのでしょう。

実際、どちらが大変なことなのかは優劣をつけがたいと思います。両方受けもたざるをえなかった私の個人的経験からすると、家族内の人間関係を保っていくほうが仕事より難しいのではないでしょうか。生身の人間に関わることに比べたら「仕事」なんてたいしたことはないと思います。

条件つきの自分しか許されない場

「私ばかり家事をやっているのはおかしいわ。私も外で働くから、あなたも家事をやるべきよ」という発言の問題点はどこにあるのでしょう。

この誤りは何かというと、〝すべきだ〟という考えを生身の人間が生活する家族にまで降ろしてきたことです。こうするべきだということを、家族のなかで言ってはいけないのではないかと思います。子どもには、抽象的な概念である「自由」や「自立」も、反論を封じて拘束していく言葉となるでしょう。

〝べき〟という考えは、何かを守るために出てくるものです。無政府状態になってはいけない、秩序を守るために、などの考えが〝べき〟という概念を生み出しています。守るものとしての秩序が家族全員に共有され、了解されているときには〝べき〟は効果的に生きてきます。

〝べき〟に忠実になることと、その家族のなかに本当の意味の交流があるということとは無関係です。家族のなかで、家事を分担す〝べき〟だというように〝べき〟で押していく夫婦関係はうまくいきません。母親が「女も経済力をもつべき」と仕事をし、夫も「家事を分担すべきだ」と頑張った結果、冷たい夫婦関係になってしまう。

こうあるべきだとお互いに自分を縛り合っている家族の行きつく先がACの苦しみです。

若いACの人たちと会っていると、両親の発する〝べき〟や抽象的な言葉が、いかに家族のなかで情緒の交流を妨げてきたかという例にいくつも出会います。幼少時から「あなたは独立した個人なのだから」と言い聞かされ、「二〇歳になったら家を出て自立をするべきよ」と言う母、「子どもの個性は尊重すべきだから」と言う父……。これらは家族のなかで具体的に何を指すのかが不明なまま使われています。

〝べき〟で通し、正しいことを行なっている家族がどうして寒々として息苦しいのでしょうか。〝べき〟とは外側の基準に自分を合わせていくことです。「今」「この」「私の」肯定は、そこにはありません。基準に合致した自分だけが許される。今の家族は条件つきの自分しか許されない場になってしまっています。もうひとつ、〝べき〟とは、宗教的な意味合いも含んでいます。教義に照らし合わせることで行動の方針を決めていくからです。言い換えると〝べき〟は裁きの言葉でもあります。勉強すべき、妻は～すべきという言葉が毎日飛び交うのは、まるで裁判所のようではないでしょうか。これほど息苦しいものはありません。日々親から、目に見えない正義によって裁かれる生活が、どれほど息苦しく、出口がないかということをわかっていただきたいと思います。

家族の幻想と現実

「結婚して子どもを産んで、その子が成長し結婚をして、私にも孫ができて……。そうやって世代はつづいていく」――ごく当たり前に平和な家庭生活とは、こうしたプラスイメージに満ちています。しかしACの人たちは、家族のなかにある怖さや危険性を鋭く見ています。

それでは、ACの人がもっている家族像とはどのようなものか考えてみましょう。

自分の経験した家族は苦しみだけを与えたと思うからこそ、絵に描いたような美しい家族像を描き、一生懸命理想の家族を実現しようと、その理想にとらわれるACの人たちがいます。プラスイメージの家族像に縛られるのです。なかには夫の暴力や浮気などを抱えて苦しんでいても、それでも家族はいいものだ、離れては生きていけない存在だとしがみついてしまうのです。

この一部のACの人たちが家族にしがみついているのは、南極に行って防寒具がなければ死んでしまうのと同じように、どんなに苦しくても家族がなければ生きていけないのだと思っているからです。どんな家族でもしかたがない、孤独よりこの地獄のほうがましだと思っているのです。また、これまで経験してきた家族が悲惨な分だけ、過大にふくらんだ家族への期待や幻想から家族にしがみついているのかもしれません。

このようにACの人たちは、まったく家族への幻想をもたないか、もしくは夢のようにふくらみすぎた期待に満ちた家族か、という引き裂かれた家族観をもっています。

私は団塊世代に属していますが、私たちの世代は人口も多く、子どもたちは団塊ジュニアと呼ばれています。しかし、多くの人たちは自分たちが生きてきた時代や、家族についてずっと未整理のままで、そのまま後期高齢者へとなだれこんでいます。

団塊の世代の人々がつくった家族とは、どんなものだったのでしょうか。団塊の世代の人々は、戦前の前近代的な家族に対抗して、民主的な家族をつくろうとしました。しかし実際には、団塊の世代の男性は、高度経済成長の後を受けてワーカホリック的な生活を強いられました。これを一九六〇年代末の大学闘争や学生運動で鍛えたガッツで乗り越えてきたのです。

女性に目を向けると、団塊の世代の女性は専業主婦になる割合がいちばん高かった世代です。言い換えれば、私たちは専業主婦にさせられた世代なのです。そのせいで、団塊世代の女性たちは、戦後の民主主義教育を受け高学歴でありながらも、家庭に閉じ込められて社会で活動の場がなかったという怨念を大なり小なりもっています。意識的に、多くは無意識的に、それが子どもに注ぎ込まれなかったはずはありません。

専業主婦にさせられたという感覚はとてもよくわかります。私たちの親世代には、就職するのは貧しい女性だという意識があって、学歴を得ればあとはエリートと結婚するのが望ましい進路だという常識がありました。同世代の女性たちにはそれが刷り込まれていたと思います。

団塊の世代の親子関係には、どんな特徴があったのでしょう。団塊の世代とその親の関係に注目することで、現代の親子問題のヒントがみつかるかもしれません。私たちの親は、一九四五年の敗戦によって深い挫折を味わっています。子どもである私たちは敗者復活のように親の期待を注ぎ込まれたかもしれません。しかし、敗戦による親たちのトラウマが、子どもである私たちにどのように影響したのかはまだ検証されていないのです。そんななかで育った私たちにとって、マイホームの幻想は大きなものがありました。一種の核家族幻想とも言えるでしょう。嫁姑問題で苦労している親を見ていれば、親子だけでつくる楽しい家族をという意識が生まれてくるのかもしれません。しがらみから切り離されて、「自分たちでゼロからつくる家族」という夢がありました。

そうやって幸せな家族を夢見て、善意の父と母と子が一生懸命に、仕事熱心な父、良妻賢母の母、勉強の好きな子という役割を演じてきました。夫は企業のなかで自分の居場所を求め、専業主婦である妻は自分の居場所を勉強のできる子どもの母に求めました。よかれと思って突き進んできた私たちですが、一九九〇年代のバブル崩壊後、今に至るまで日本経済は三〇年というときの流れとともに、ゆっくりと低迷をつづけ、貧しい国へと変わりつつあります。

家族が自分の居場所だというイメージは、今、最後に許された幻想なのだと思います。

仕事もそこそこだし、お金もあまり貯まらない……と思ったとき、自分の思うようにコントロールできる場所が家族なのです。だから、家族だけは自分の思った通りに、という思いが強くなっていきます。そのために、今の家族はだんだん過剰になってきています。

多くの若い人が理想的な家族をつくりたがっています。これはどうしてでしょうか。夢がなくなっているから、家族ぐらいしか夢がもてないのでしょうか。彼らはその夢をかなえるために、まず舞台装置に凝ります。家具やインテリアの大型店があんなに流行るのも、舞台装置のための小道具をいっぱい売っているからです。カーテン、照明器具、テーブル、ソファ、机……。

妻がインテリア雑誌に出てくるような部屋をつくるために夫は指一本も触れさせてもらえない、その逆もあります。勝手に触れられると理想が一瞬で崩れてしまうからです。

かつての日本には、家族、家族と声高に言うのは恥ずかしいという時代もありました。今はＳＮＳを通して、「これが私の家族です！」「これが私の部屋よ」と発信をすることが当たり前になりました。インスタ映えとは、誇った家族像を顔も知らないフォロワーに共有されることを期待し、つながるのです。他人からたえず確認してもらうことで、家族の維持のエネルギーを保つことができます。他者からどう見えるかという、他者の視線によって支えられる家族となりました。

家族は治外法権

次の図は私が講演やセミナーを実施する際に用いる図ですが、ここから多くのことを学ぶことができます。

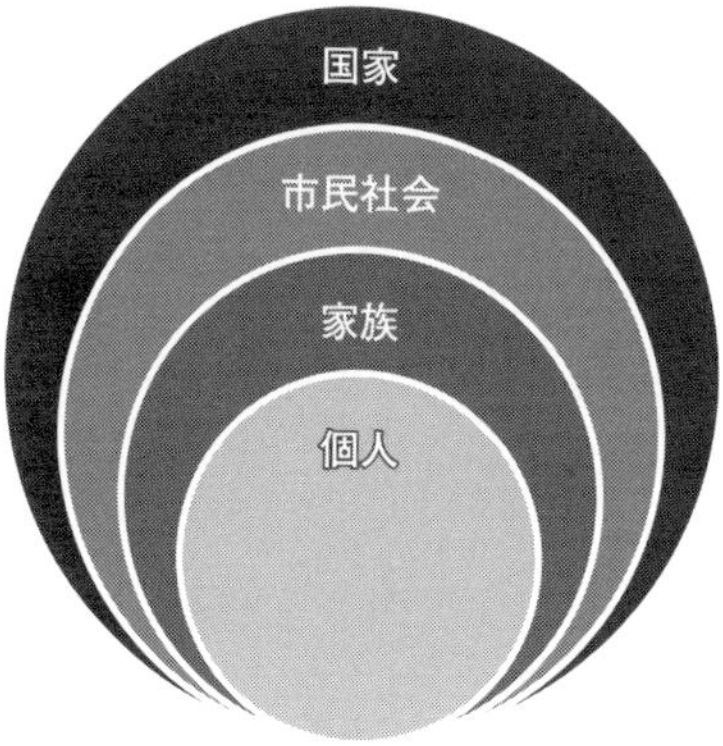

四つの円がありますが、このなかで「非暴力＝暴力を禁止する」のは市民社会だけということを知っていただきたいのです。つまり、法律が適用されるのは市民社会だけです。言い換えると、国家と家族においては暴力が容認されているのです。容認というよりも、法律の適用範囲から外されているのです。

「法は家族に入らず」という原則は、ローマ法の精神であり、近代になっても共有されていました。家族という親密で愛情によって結ばれた集団に法など必要ないと考えられたからです。しかし多くの先進国では、家族内の暴力が顕在化することで、「法は家族に介入する」ように変化してきました。その潮流は一九八〇年代のアメリカ、一九九〇年代のカナダへと波及しました。東アジアでも、一九九〇年代末の韓国、その後台湾にも及んでいます。具体的には、DV（ドメスティック・バイオレンス）の加害者を、被害者の告訴がなくても、法律の判断で警察が逮捕できることを意味します。こうして、法は家庭に入るようになったのです。

日本では、二〇〇〇年に児童虐待防止法、二〇〇一年にＤＶ防止法ができたにもかかわらず、それらは「防止」だけで「禁止」はしていません。つまり加害者を逮捕することはできないままなのです。したがって、日本は今でも「法は家庭に入らず」のままであり、言い換えると家族は治外法権であり、「無法地帯」のままだと言えるでしょう。

第5章

トラウマとインナーペアレンツ

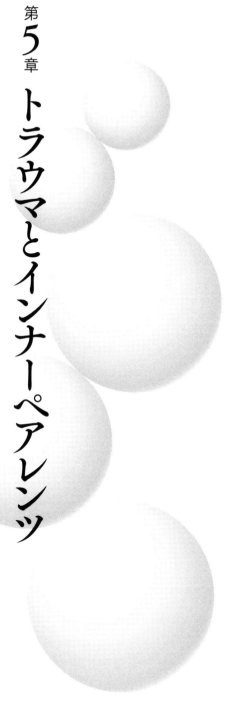

1　俗説のトラウマ誕生

トラウマという言葉の弊害

子どもの問題でカウンセリングに訪れる母親は、四〇代以上がほとんどです。大学中退後に引きこもる、アルコールや薬物依存など、この二五年間、問題にそれほど変化は見られません。

Aさんもそのひとりです。二〇歳の彼女の娘は大学卒業後、なかなか仕事に就けません。そしてことあるごとに母親を責めるのでどう対処していいかわからないと困って来談しました。「私は、あのとき、お母さんからトラウマを受けた。このトラウマのせいで自立できない」と言って責めてくるのです。

これに似た例は他にも多く起きています。一九九〇年代前半までは家族の問題については、どこかつかみどころがなかったのです。人と人との間、つまり関係についてははっきりした実態があるわけではありません。それがトラウマという言葉ができることで、何か実態としての傷があるように思えてくるのです。得体の知れないトラウマがひとり歩きすることで、それを巡って親と子が対立したり、攻撃されたりということが起きています。それを仮に俗説のトラウマと呼びましょう。

もともと人間の心理状態については、傷を受けたり傷が治ったりといった、自然科学のようにはいかないものです。それを無視して「トラウマ」が連呼されることに危険性を感じてしまいます。

俗説のトラウマがもたらす弊害は、トラウマだけを見つめ、自分を見つめなくてすむという点です。また単純な因果論におちいって、トラウマを癒やせばすべて解決すると思い込みがちです。そんなお手軽な短絡思考は避けるべきではないでしょうか。

Ａさんの娘が「私が自立できないのは母親から受けたトラウマのせいだ」と主張することと、ＡＣの人たちに対して「全部親のせいにしていい」と伝えること――このふたつは似ているようで違います。Ａさんのような母親にとって、ふたつはどんな影響をもたらすでしょう。

前者のように言われたとき、母親は「よくわからないけど『心の傷』を与えてしまったらしい。だからそれを癒やすために娘の言う通りにしよう」「トラウマを与えてしまったから、何とかしてあげよう」「私がこの娘をなんとかしてあげなくっちゃ」と思うでしょう。結果的にもっと世話をし、面倒を見ることになり、母娘の関係は、共依存的なもの、つまりコントロールが強化されるようになるでしょう。

一方で、ＡＣの人が親のせいだと考えるのは、「自分が悪い」という自責感から解放される切り口としてなのです。自分が楽になるためのプロセスとして、いったん親のせいにしてもいい、親の責任にすることを許す必要があります。

そう言われた親は心外と思い、腹も立つでしょう。そして「親だって一生懸命だったんだよ」と自己弁護したくなるでしょう。そうやって親の正当性を主張すると、事態はもっと悪くなります。むしろ「あなたはそう思ってるのね」と伝えて、親のせいにさせてあげることぐらいしか、親にできることはないのかもしれません。

親のせいにする子どもをいったん受け入れ、そして子どもに対しこれ以上のコントロールをしないように手を引くのです。手を引くのと、この子を何とかしなくてはと世話をするのは、対応方法としては一八〇度違います。

このように俗説のトラウマは、ときに母と子の共依存関係を強化することになりかねません。ＡＣという言葉は「あなたは悪くない」という免責性を強調しますが、俗説のトラウマが叫ばれることで、「トラウマを与えた人」という親の加害性が強調されると、親が子どもから手を引くどころか、親の正当性を挽回しようとしてさらに子どもの面倒を見るようになりがちです。これは世話やケアという「支配」を強化することにつながることを、強調したいと思います。

アメリカ社会とトラウマ

作家の村上春樹が翻訳した『心臓を貫かれて』（マイケル・ギルモア著、文藝春秋、一九九六年）という本があります。そこに出てくるのはすさまじい家族の物語です。父親に殴られつづけて育った著者の兄が連続殺人犯になって逮捕され、裁判で死刑を宣告される。その後、終身刑になるわけですが、兄は断固銃殺してくれと主張して結局は銃殺されるのです。著者である弟は、なぜ自分の兄が無意味な殺人をしたのか、自ら死刑になることを望んだのかということについて綿々とつづっています。その背景には親から受けたトラウマがあり、そしてアメリカという国のすさまじいほどの混乱を読み取ることができます。

その本に関して、訳者の村上春樹が『週刊文春』のインタビューのなかでなぜ機能不全家族がアメリカに多いのか、なぜあんなに近親姦（性虐待）が多いのか、ということについて次のように語っています。

アメリカという国家そのものの成立基盤が、整合的なもの（整合性）を希求している。そこに曖昧さが加わることを許さない。だから愛と暴力が純粋な形で噴き出してくる。暴力の噴出のしかたが凄まじい代わりに、愛の表現のしかたもすごい。愛と暴力が重なったときのパワーは日本人には想像を絶するものがある、と。

アメリカという国はそもそもヨーロッパの白人たちが大量に移住してきて、先住民たちを暴力的に辺境に追いやることで、造られた国です。そうした歴史上の暴力的な出来事を隠すために、さまざまな神話が必要になります。建国してまだ二五〇年にも満たない国ですから、そのぶんだけ整合性がとても要求されます。整合性を支えるために、アメリカンドリーム、父と母と子の幸せな家族というイメージが強制されています。そのぶんだけ出現する問題は極端な形をとり、極端な暴力か濃密な愛かのいずれかになりがちなのかもしれません。

何度も離婚・再婚を繰り返すのも、純粋で極端な愛情を求めているからであり、家族の機能不全の問題も、極端な男女の愛、極端な暴力から出てくるのではないかという村上春樹の解説に納得させられました。

このような陰影のはっきりしたアメリカという国で、「トラウマ」という言葉は一般化してきたのだと思いました。機能不全家族という言葉も、どこかに機能十全な家族があるはずという「極端に理想的な家族」という神話を求めてきたアメリカの特徴ではないでしょうか。

2　トラウマの解釈

トラウマと心的外傷の違い

トラウマに関しては、二一世紀に入ってから、脳の画像診断技術の発展とともに研究が加速度的に進んできました。しかし前節で述べたように俗説のトラウマのような解釈に対しては、慎重であるべきと思います。心に傷を受けたら、その傷を癒やせばいいという単純なものではないのです。トラウマはまだまだ発展途上の概念だと思います。

トラウマというのはトロームというギリシャ語の〝体の傷〟からきています。それをウィリアム・ジェームズが一八九四年に初めて〝心〟にも転用しました。

なぜ、「心の傷」に対して援用されるようになったのでしょうか。この場合の「傷」はあくまでもメタファー、すなわち比喩だと思います。傷をもたらすような体験とか、傷をもたらすような経験とか、そういったことを指すのです。それを「心的外傷」と日本では訳されました。別に、心のなかに実体としての傷があるわけでもなんでもないのです。

私たちの経験や体験は記憶されることから始まります。それらは、①記憶され整理されているもの、②記憶されてはいるが整理されないまま、まるで異物のようにひっかかって感じられるもの、③まったく記憶されていない（忘却されている）ものの三種類があると思います。

ＡＣ概念の説明になぜトラウマという言葉を使わないかというと、何度も述べてきたように「自己認知」という原点が大きな理由です。ここで述べた①と②は、自分の体験をそれなりに認識しています。その整理のしかた、記憶の内容が、現在の自分においてどこか不一致や違和感を生み、苦しかったりする。その苦しみを「生きづらさ」として認知している人がＡＣだからです。

つまり自分が現在記憶しているという主観がスタートなのです。そこからさかのぼって親との関係を語り、整理していくことがＡＣの回復作業と言えます。つまり「現在の自己認知」という主観からスタートすること、それを意識しているのがＡＣなのです。

一方③は、忘却（健忘とも言う）されていたり、外傷的体験を抱えて生きていくために解離している、というとらえ方が必要になってきます。つまり記憶にはなく主観的世界からは排除・隔離されている外傷体験も存在することになります。これらが、何らかの出来事が引き金（トリガー）となって想起されることがあります。このあたりは、私の他の著作でくわしく触れていますし、二〇二一年の段階で多くの専門書が出されています。

意識になかったり忘れられている過酷な外傷体験の多くが、性虐待によるものです。また何らかの症状として現れている可能性もあります。これは主観の世界ではとらえられません。そのぶん、客体化しやすく、「トラウマ」という表現が適切かと思います。

このように考えると、自己認知を超えるさまざまな「症状」については医療の範疇に入るのかもしれないと思います。

①②③はそれぞれ「心的外傷」なのですが、以上述べたように大きな違いがあります。しかし日本ではその違いを明確にしないまま、「トラウマ」という言葉で混同されているように思うのです。

ＡＣのグループに参加している三四歳の女性は、子どものころの記憶が一年間ぶんスッポリ抜け落ちています。

妹と子ども時代の話をして、ちょうどその時期は両親が離婚する前後だったことを発見しました。いつも両親の激しい言い争いや暴力の仲裁をしていたのも彼女だったのです。しかし彼女はそれ以上振り返ろうとはしませんでした。自分の記憶がないことは、自分なりの生き延びる方法だったのだと思ったからです。

一方、レイプされた女性で、その恐怖の瞬間を、「今でもはっきり覚えている。決して忘れることはできない」と涙ながらに訴える方がいました。彼女はそのショックを記憶の闇に葬りさることができません。その出来事は、彼女にとって確実に「トラウマ」となっています。

このように簡単に類型化できるほど、人間の記憶は単純にできていないと思わされます。

むしろ私が懸念するのは「心的外傷」というメタファー性を保証された言葉ではなく、横文字の「トラウマ」という耳慣れない言葉を使用することの問題点です。「心的」とはあくまで比喩であって「心の外傷」という意味ではありません。「的」という言葉がそのメタファー（隠喩）であることを保証しているのです。「心の」となったとき、傷が実体化するのです。

日本ではカタカナを使った途端に、それをひとり歩きさせてしまう傾向があります。「トラウマ」も、実体としての心の傷、それが心のどこかに存在する、それを探す、という倒錯が生じる危険性がありま す。先に述べた例のように、娘が「トラウマを受けた。何とかしろ」と母を責め、その母が娘の言いなりになって世話に明け暮れる例は多いのです。

人は体験の無意味さに耐えられない

またアメリカの女性学者、キャシー・カルースは、フロイトの理論に基づき、「出来事を悪夢として繰り返し見ること」がトラウマだと解釈しています。

カルースの論文「トラウマからの／への出立──生きのびることと歴史」には次のように述べられています。

「生命が肉体的危機にさらされたからではなく、その危機を心が認識するのに一瞬おくれをとってしまい、しっかりつかみとることが出来なかったこと、これが心に亀裂を生じさせる原因なのである。（中略）トラウマの本質は、死に直面したことにあるのではなく、我知らずのうちにその危機を生き延びてしまったことにある。（中略）自分が死にかけた瞬間をつかもうとして人は反復するのではない。どんなに謎につつまれていようとも、自分が生き延びたことを主張するまさにそのために、人は反復という動作を行うのである」（『現代思想』一九九六年一〇月号、下河辺美知子訳、青土社。傍点、原文）

彼女はさらにトラウマを、個人の枠を超えた、集団的歴史的事実にも適用させています。フロイトの『モーセと一神教』を引用して、ユダヤ民族が繰り返し迫害を受けてきた理由を述べています。

映画『十戒』でもおなじみですが、ユダヤ人がモーセに率いられてエジプトを出、カナンに到着します。その後モーセは彼らに殺害されてしまうのですが、その暴力的な過去が後世のユダヤ民族全体にとっては意味不明のトラウマとなり、その意味を探るために、自らを暴力的な出来事のなかに繰り返しさらしてきたというのです。これは非常に興味深い説です。

人間の歴史が何度も同じことを繰り返してきたことへのひとつの解釈とも言えるでしょう。二一世紀を迎えてなお、世界は相変わらず戦争を繰り返しているのですから。

悲観的に思われるかもしれませんが、「ああ、そうなんだ」と思えることは何より大切だと思います。あのような苦しい体験をしたのに、なぜ自分は生き延びていられるんだろう、それを確認するために、悪夢を見るのかもしれません。もしくは現実で同じような苦しい経験を繰り返してしまう。それで、これだけ苦しんでも生き延びてきたのには意味があるんだということがわかったときに、人は死ぬんだ、と。

私たちは自分の体験がまったく無意味だということに耐えられないのです。苦しい体験、痛みや苦痛は、その「意味」がわかることで耐えられるのです。それができないとき、まったく無意味としか思えないとき、私たちの自我は危機におちいります。「心の病気」は私たちが解体しないための方法なのかもしれません。

したがって、心的外傷を受けたとき、それがいったい何だったのかを、つまり意味の確認のために人は「再演」をするのです。苦しみを受けた人がもういちど同じような状況に身をおいて「再演して」その意味を確認するのです。

レイプされた人が、人によっては再び同じような状況に身を置いてしまったり、また痴漢を受けた人は痴漢ばかり受けるなど、無意識に同じような状況に身を置いてしまうことがある（ここで言うレイプとか痴漢というのは比喩で言っているもので、これがたしかにあるという意味ではありません）。殺人を犯した人間は殺人現場に戻り、放火犯も然りと、よく言われますが、これも今述べたこととつながっていて、意味を確認するためなのかもしれません。

過去にならない記憶

もっと別のとらえ方もあります。トラウマは「現在に生々しくある過去である」という視点です。つまり過去に受けたショックが、今でも生々しく浮かびあがってくるのであり、それを「リビング・パスト」（生きている過去）と言います。それが文字通り、過去のものとなること（パスト・パスト）がトラウマからの回復とされます。

この視点は重要なものです。二〇二一年の段階でも、トラウマのことを「古びない過去」「過去にならない過去」としてとらえることは変わりません。

たしかに心的外傷としか言えないような経験は、誰にでもあると思います。それはショックを受けたときに傷が残ったという自然科学的なものではなくて、むしろ「脳が処理できない記憶」ではないかと言われています。このような表現は、二一世紀になってから用いられるようになりました。

私たちは毎日眠りに就きます。人生のおよそ三分の一を睡眠に費やしているのです。眠っている間も脳は働いていて、その日に起きた出来事の記憶を処理しています。膨大な量の記憶を処理することで、それは無害化し、翌日目覚めると「いやなこともあったけど、一晩眠ったら少しすっきりした」と感じるのは、眠っている間に記憶の処理が進んだからだと言われています。このことを応用したのが、現在広く知られるようになった、トラウマ治療の方法ＥＭＤＲ（Eye Movement Desensitization and Reprocessing）です。これは原宿カウンセリングセンターでも実施しています。

簡単に説明すれば、睡眠中に行なわれる記憶の処理と同じ作用を眼球運動によって起こし、記憶を再処理することを促進する方法です。これによって、過去に起きたのにまるで昨日のように生々しい出来事が、「ああ、あんなこともあったたね、遠い昔のことだ」として思い出せるようになったり、まるでテレビの画面でそれを見ているような感覚で思い出せるようになることを目指します。

他にもいくつかトラウマ治療の方法が開発されていますので、検索したりアクセスしていただきたいと思います。この点はアダルト・チルドレンという言葉が広がった一九九〇年代の終わりとは大きな違いでしょう。これは少し大げさかもしれませんが、歴史の進歩ではないでしょうか。

これらの治療法によって、生々しい記憶、よみがえってしまう記憶によって苦しんでいた人たちが救われるようになったのです。

ジュディス・Ｌ・ハーマンの『心的外傷と回復』（みすず書房、一九九六年。原題は〝TRAUMA AND RECOVERY〟）を翻訳した精神科医の中井久夫は、訳者あとがきのなかで、書名にトラウマという言葉を使わず、心的外傷と訳した理由を述べています。日本語において、現段階ではトラウマや単に外傷という使い方は一般に定着しておらず、精神科医・臨床心理学者の内輪の世界にとどまっているためだと。

このような中井久夫の姿勢と言葉に対する厳密性は、とても大切なことだと思います。発展途上の概念であるトラウマを、簡単にそして声高に叫ぶのではなく、徐々に発展してきた治療法の広がりとともに使用していきたいと思っています。

「傷」ではなく「関係」を重視するAC

アメリカの精神医学会では、一九八〇年にPTSD（Post-traumatic Stress Disorder）＝心的外傷後ストレス障害が診断名に加えられました。これには一九七五年に終結したベトナム戦争の多くの帰還兵たちを救済する目的がありました。それほど多くの人たちがあの戦争の経験によって精神的心理的な影響を被ったのです。そのことを思うと、第二次世界大戦の敗戦が生還した日本兵にどれだけの精神的影響を与えたのかが、逆に浮かび上がってくる思いです。

一方で、日本でPTSDが使われるようになったのは、阪神・淡路大震災以降のことです。戦争を契機としてトラウマに注目するようになったアメリカに対して、日本は甚大な自然災害がトラウマへの注目の契機になったと言えるでしょう。

さてここまでトラウマについていくつか述べてきましたが、ACという言葉は、トラウマ（PTSD）などを超えるものだと考えています。はっきりとした暴力や性虐待の被害、それによって生じる「傷」に注目するだけではない言葉として、ACをとらえたいと思います。

日々の繰り返される生活のなかで、ずっと習慣的に経験されてきたことは、肌を通して自分の身体に沁みついてしまっています。血が流れるような傷として対象化するより、血液そのものに溶け込んで自分の一部になっていると言ったほうがいいでしょう。親から受けたこと、親との関係で経験してきたことは、そんなふうに自分と切り離せないほど一体化しています。

親から「もう飯を食うな」とか「家から出ていけ」と言われたことが、心の傷になってしまったという表現がありますが、「傷」として対象化された言葉そのものではなく、親との「関係」が問題の焦点なのではないでしょうか。親から与えられた「傷」ではなく、傷を受けたとしか表現できないような「関係」を焦点とするのです。

長年の親との関係があり、そのひとつの場面として生々しい言葉が思い出される。でも、その背後には膨大な経験の積み重ねがあり、それが長い時間を経ることでどのように現在に影響を与えているのでしょうか。

親との関係は、そもそもこの世に産み落とした存在との関係であり、血縁のあるなしも含めて、ひとことで切り捨てることなどできないでしょう。通り魔事件のように突然受ける被害の傷と、親から受けてきた傷と呼びたくなるような経験とは、区別することが大切だと思います。

親との関係をとにかく語る、話して誰かに聞いてもらうことの意味は、ＡＣがトラウマという言葉を超えるからこそ生まれると思います。

3　インナーペアレンツ

インナーチャイルド？

一時期よく使われた言葉に「インナーチャイルド」があります。インナーチャイルドとは、内なる子どもという意味で、アメリカで一九八五年をピークとしてアダルト・チルドレンが流行語のようになった際に、多くのセラピスト（アメリカでは心理療法を行なう人のことをこう呼んでいます）たちが生み出した言葉です。たとえば、「心の傷を負った内なる子どもを今の自分が癒やす」というように使います。

「癒やし」という言葉も一時期よく使われました。しかし私は、声高に叫ぶ「癒やし」はいやしいのではないかと考えます。そう、癒やしはいやしい、のです。

この言葉には病だれ（疒）が使われています。病気が癒えることから、傷を癒やすという表現に広がったのでしょう。そもそも、傷ついた自分を可哀想がっている態度が底流に流れています。そうしたつらい状況から自分が変化していくことは意志的で実に健康なことなのであり、決して病だれで表現されるようなことではありません。まして「癒やし」は連呼するものでもありません。究極の苦しみ、苦痛を経たのちに、自分で自分に対してひっそりとつぶやく言葉なのではないでしょうか。

「人生で三度くらい」は癒やしという言葉を使ってもいい、そう考えています。

ある時期まで、「トラウマ」「インナーチャイルド」と「癒やし」はセットになっていました。ACをテーマにした講演の後で、「先生、トラウマはどうやって癒やしたらいいんですか」とか「インナーチャイルドは……」などの質問が出たものです。

「インナーチャイルドは真の自己だ」という表現もありますし、クライエントのなかには「私の体のなかにインナーチャイルドがいる」とか、「インナーチャイルドが泣いてる」と言う人もいました。

一九九六年開催のアトランタ・オリンピックで銅メダルをとったマラソンランナーが、「初めて自分で自分を褒めたいと思った」と、発言しました。それを聞いたとき、何かが変わったような気がしました。

自分で自分を褒めてやりたいという表現は、それまでの日本ではあまりなかったと思います。そこにはインナーチャイルドと同じ発想を見ることができます。

自分で自分をとらえる、つまり自己を対象化することは、むしろ客観的に自己を把握することを意味しました。必ずそこには、叱咤激励の意味が込められていたのです。つまり自分に厳しくすることが成長である、というようにです。せいぜい最後は「自分を許す」という表現くらいにとどまっていました。それが「自分で自分を褒める」「自分で自分を愛する」などという言葉が出てきたのです。インナーチャイルドも、自分を癒やすのですから同じです。

それは、一見明るさややさしさのように見えますが、どうでしょう。私は、逆に人間関係の切断や孤立化の反映なのではないかと考えます。他者から得られないのなら、自分で自分を癒やそう、それが「インナーチャイルド」という言葉になっている気がします。そこには一種の「気持ちの悪さ」が漂っていて、閉鎖的自己愛のにおいを感じ取ってしまうのです。

他にも似たような言葉があります。

「自己肯定感」という言葉は使わない

この言葉がどうして気持ちが悪いのでしょう。少しここでその理由について述べてみましょう。

肯定の反対は否定ですが、そもそも自己否定ってそんなに悪いことなのでしょうか。

少し古い話になりますが、一九六〇年代末には「自己否定」は成長していくためには必要不可欠な作業でした。マルクス主義や弁証法の言葉にアンチテーゼがありますが、これは統合や成長・発展には不可欠な段階だとされました。

弁証法とは、当たり前と思っていた内的世界・思考をいったん否定する、そのことで新しい世界観や思考が生まれるという段階説をとっています。だから自己否定なくして成長なしというのが常識だったのです。少なくとも一九八〇年代までは、「自己否定」は思考や思想のタフネス（強靭さ）と論理性を裏づける言葉でした。

九〇年代に入って「ネアカ」「ネクラ」という言葉が流行し、ネクラはいけないことのように言われるようになったのです。このころから、「ネクラな私が酒を飲むとネアカになれるから」と語る若いアルコール依存症者が増えてきました。私にとって、この言葉は衝撃でした。

おそらくそうした発言は、対人関係におけるコミュニケーションの能力が個人の価値を決める時代の先駆けを示す象徴だったと思います。そのように語った女性はネアカであることを維持するために飲酒をし、バッグにウイスキーのポケット瓶をしのばせていたのです。新自由主義的動向と呼ぶのは乱暴かもしれませんが、社会的関心から対人関係のスキルや空気の読み方へと重心を移すような変化が九〇年代初頭に起きていたと言えるでしょう。

現在に至るまで、自己啓発本は多数発刊されていますが、近年のビジネス書をはじめとする自己啓発本の多くは、自己肯定感を高める、レジリエンスを高めるといった、心理学用語であふれています。どのようなキャッチフレーズが登場したかを振り返ってみると、「自分を愛せなければ他人を愛せない」「あなたが自分を好きでなければ他人に愛されるわけがない」「自分を愛せるように」「自己肯定感を高めるための法則」「自己肯定感の低いあなたに足りないもの」などなどです。

共通点は、最終的には自分で自分をどうにかできる、しなければならないという考えに帰着することです。一見、自分は自分次第という希望を与えるように思えますが、最後は自分しかいないというどん詰まりの考え方ではないでしょうか。まさにこれこそが、自己選択・自己責任の罠なのです。

インナーペアレンツの支配

こんなどん詰まりの考え方や罠から脱却するにはどうすればいいのでしょう。親との関係に注目することが、その糸口になるのではないでしょうか。

インナーチャイルドよりも「インナーペアレンツ」（内なる親）に注目すること、これは自分で自分をではなく、自分のなかに棲みついた親をどうするか、という作業につながります。親に傷つけられた傷を癒やすのではなく、自分のなかにいる親との関係をどうしていくかという問題だと考えるからです。

日本の場合、ACの苦しみは、親の人生と子どもの人生が未分化で、融合的に「お前のためだよ」とか「普通でいなさい」とか「人に迷惑をかけちゃいけません」などのように、正しさや常識とともに植えつけられるものが、真綿で首を絞められるようにその人を追い詰めていくことにあります。「親の恩」「親子の絆」とか「私が世話をしないとあなたはダメ」など……。

「私がいないとおまえはダメになる」というくらい親にとって甘美な言葉はありません。親の支配の万能さを表しています。

親が「こうしろ」「殺す」などと強圧的に命令してくるのであれば、「そんなことしないで」と抵抗して、私たちは自分を守ることができます。しかしインナーペアレンツは、「私がいないとあなたはダメよ」とか「あなたのことを思ってこうするのよ」と呼びかけてきます。そのとき子どもはいとも簡単に、自分の決定権とか、自分の判断基準を親にゆだねてしまうのです。そうするしかありません、なぜなら子どもは親がいないと生きていけないほど無力だからです。甘美で万能である言葉とともに、親は子の頭のなかや人生をのっとり支配していきます。

結果的に親と子は未分化となり、融合的になってしまいます。自分のなかに親が入り込んできたことすらわからず、親の人生は自分が支えなければならないとさえ思い詰めるのです。親の言葉が血となり肉となるのですが、それは自分の血や肉なのか、親のものかもわかりません。

親が子を支配する共依存は、必ずその対象が不幸でなければなりません。「他人の不幸は蜜の味」という言葉もありますが、不幸な人は必ず自分を必要としてくれるでしょう。そうして自分が満たされると自覚しているわけではないでしょうが。

そのためにはいつも子どもは親から見てだめな子で、何かが足りない子でなければなりません。そうすればいつまでも親には役割があります。だから、どんどん子どもが成長していって、親の出番がなくなっていくと、あくまでも自分の出番をつくろうとして、子どもに「それじゃダメだ、ダメだ」と否定をしつづけるのです。いちども親から褒められたことがないというACの人は多いですが、それは褒めれば子どもが自分を必要としなくなるのではないか、という恐怖があるからでしょう。いつもダメな子でなければならないのです。

これこそが、まさに日本の親です。自分の外に親があるのではなく、自分の判断基準、自分の人生のなかに親が入り込んでいるのです。ある人は、「私は親の繰り広げるドラマの背景の木だったり草だったりにすぎなかった」と言っていました。

親は、要求するハードルを次々に高くします。勉強でクラス一五番以内に入れと言って、子どもが一五番になったら今度は五番に入れ、五番になったら一番になれ、と。それを「九八点の親」と呼んでいます。試験の点数が九八点だったとき、親からは「どうして一〇〇点じゃないのか！」とひどく叱られたというクライエントがあまりにも多かったからです。

こうして、もっともっとと要求しつづけるのも、インナーペアレンツです。その人たちは、成長してからも、決して自分に安住できません。何をしていても、親の声が聞こえてきます。「もっと、もっと」「さぼってるんじゃない」と。

親孝行の崩壊

ＡＣは、親孝行の意味が失われて初めて表面化してきました。「まじめに働くことが社会の発展に貢献する」といったような、社会全体が暗黙のうちに共有している価値規範のことを、中井久夫は「大文字の倫理」と名づけています。今までもみんな親を支えて苦しかったのですが、大文字の倫理が生きていたころは、それによって苦しみを封じ込めることができました。苦しいなと思っても、この苦しさは意味があるんだ、親を支えるのは美しいことだし、親を支えなければならない。そしてそれは正しいことだったのです。

二宮金次郎のように、薪を背負って本を読むというのは、今ではひとつの虐待にもなります。その銅像を小学校の校庭の片隅に置いて、美しい、えらいなあと思っていたのは、大文字の倫理による刻苦勉励して励めば偉くなれるという将来像が生きていたからです。ところがそれらが崩れたとき、日本の将来は刻苦勉励しても明るくないとわかったとき、薪は重いし、歩きながら本を読むなんて苦しいじゃない、と思えるようになったのです。

ＡＣの苦しさは、ひどい虐待を受けることばかりではありません。親を支えるというのはいかに苦しいか、を認めることこそ中心になっています。

なぜ苦しいのでしょうか。だってその子たちは親に支えられていないからです。親以外に誰がいるのでしょうか。支えてもくれない親を支える、それも必死で支えることで、初めてその子どもは「親に愛されている」のではないかという微かな実感を得るのです。

親を支える行為そのものも苦しいけれど、それを苦しいと言ってはいけないのです。親は「あなたのために」と言ってくれるではないか、そんな親を支えることを苦しいと言ってはいけない、と思うのです。

日々こんな状態に置かれて、それが「ふつう」であり日常であるのがACの人たちです。

苦しいと思ったとき、それが攻撃になるわけではありません。ときには攻撃的な気分になったとしても、親はそれを受けないようにしています。「あなたのためなのよ」という万能の言葉が、攻撃を逸らしてしまいます。そうなると、攻撃の向かう先は自分しかありません。

まるでブーメランみたいに、攻撃の矢は自分に戻ってきてしまう。それが日本的なACのわかりにくさであり、苦しさであると思います。

インナーペアレンツという言葉を強調したいのは、そのためです。リアルな現実のペアレンツを指すものではなく、自分のなかに入り込んでいる親なのです。トラウマのように明快に対象化できない苦しみ、それはインナーペアレンツという、自分のなかにパラサイト（寄生）している親との関係なのです。

インナーペアレンツに気づくことがまず第一です。多くの人が、自分が親と融合してしまっているような気がするはずです。自分で自分を考えだそうとするときにはすでにヌルヌルッと親が入り込んでいて、ある程度、自我が出てきたときには、もうすでに親は体のなかにどっぷりと入っているということです。

親が子どもに侵入しつづける、そういった現実はなぜ起きたのでしょうか。それは日本の女性のおかれてきた状況があったと思います。「女は三界《さんがい》に家なし」と言われました。親に従い、夫に従い、子に従い、と。女は誰かの人生にとりついて生きていくことでしか生きられなかったのです。夫がひどい男であれば、子どもにいくしかない。日本の女性の美徳とされてきた、耐える女、尽くす女は、二一世紀になってもそれほど変わりません。

自分を失くしてまでも人に尽くすことの恐ろしさはここにあります。無私の愛なんて、幻想に過ぎません。自分の人生を差し出した女性は、必ず母となってその犠牲を回収します。母の愛の裏返しはこれだった、ということがわかります。日本の女というのは、したたかでした。

男性のなかのインナーペアレンツ

インナーペアレンツについては、母との関係で苦しんでいる女性の例が多かったように思います。しかし、原宿カウンセリングセンターを訪れる人には男性も多いのです。

ACと自己認知することで、カウンセリングに訪れる男性が増えたことは素晴らしいと思います。自分がつらいとき、困ったときに、飲酒して酔っぱらったりするのではなく、しらふで第三者に堂々と援助を求めること、自分の限界を超えることを認められる、自分の弱さを否定しない。これこそが「男らしい」のではないでしょうか。

Aさんはカウンセリングでお会いした当時は五〇歳、ふたりの娘と援助職の妻の四人暮らしでした。いくつか転職を重ねましたが、小規模な会社の中間管理職として働いていました。

学生時代には学園闘争に加わり留年をし、卒業後も港湾労働者や演劇活動と、これまで二〇年以上も「自分が自分であると感じられるようなピッタリくる」何かを探しつづけて、ずっと生きてきました。しかし、いつもどこか違うという感覚に襲われつづけてきたのです。ときにはアジアを放浪することもありました。

しかし結婚をし、家族のために働かなければと思い、ネクタイをしめたサラリーマンになったのですが、心のどこかでは「何かが違う」という囁きがきこえていました。

そんなとき、偶然書店でACの本を手にとり、読み始め、初めて「これだ」と思えたのです。Aさんは、一八歳より前のことは思い出さないようにしていました。もう大人になったのだから、そんな昔のことを考えるのはヘンだ、子ども時代のことなんて、成人した自分とは関係ないと思っていました。しかし、ACという言葉に出会って、一八歳より前に時計の針を戻してみようと思ったのです。

そこから浮かびあがったのは母の姿でした。戦後の混乱期のなか、引き揚げ軍人ですべてを失い、無気力であった父を支え、しゃにむに生活のために働きつづけた母の姿だったのです。

Aさんの父は、家庭のなかで「魚のように」無口な人でした。地方公務員として黙々と働き、妻とも子どもとも語らずに、そのときのAさんと同じ五〇歳で亡くなりました。戦争体験のことも、亡くなる間際まで何も話さないままでした。その五年後、母も亡くなってしまいました。

家庭のなかで母はオールマイティでした。安い給与の生活だったので、母はいくつものパートを掛け持ちして働いていました。存在感のまるでない父親に比べると、母の苦労や母の言葉は何よりも大きかったのです。母は彼にとって生きる基準、生きる指針そのものであり、ノーを言うことなど夢にも思いませんでした。学校では優等生でありつづけ、母の期待通りに生きることが、大学生になるまでは唯一の道でした。

彼の背中には大きな火傷の跡があります。お灸の跡と考えるにはあまりに大きいのです。でも大学生になるまでそのことを知りませんでした。学生時代、千葉の海水浴場に行った際、友人に「どうしたんだ、それ」と問われて気づきました。おそらく誰もがそうであるように、背中を鏡で見ることなどなかったからです。

初めて知った火傷の跡について、不審に思いながらも深くそれを追求することはしませんでした。そのころの彼は、社会の矛盾と戦うこと、大学の体制や政治の問題を考えることがすべてだったからです。個人の小さな問題にこだわることは、恥ずかしいという思いさえありました。

ＡＣという言葉に出会って、子ども時代を振り返ってみると、小三以前の記憶はまったくありません。小三のころより彼は悪夢にうなされるようになりました。ふとんに入るといつか自分が大きな波にさらわれ、飲み込まれて窒息する。叫び声で眼がさめる……。そんな夢が毎晩つづきました。しかし母には相談できませんでした。なぜならその恐ろしい夢は、自分が母を殺そうとしているところでいつも終わっていたからです。波にさらわれることも恐ろしかったのですが、あの母を殺す夢を見る自分が何より恐ろしかった、と彼は語りました。

火傷の跡、そして悪夢。母の望む自分でなければならないと思いながら、なぜか母の期待を裏切る行動しかできなかった自分。引き裂かれるような、バラバラに飛び散ってしまいそうな、そんな自分をどうしていいかわからずＡさんはカウンセリングに訪れたのです。自分のなかに今でも生きている母、インナーペアレンツとしか言いようのない母の呪縛をなんとかしたい、そう思ったからです。

このように、インナーペアレンツに気づいてほしいのはむしろ男性なのです。男性は、母である女性からどれくらい支配されているかと気づく必要があるでしょう。インナーペアレンツの支配に気づくことで、日本の男性は初めてきちんと女性と、ひいては自分と向かい合えるのではないかと思います。

ところで、「インナーペアレンツ」はすべて「母」でしたが、「父」はどうなのでしょうか。

私たちのところにカウンセリングに来る方でも、「インナーペアレンツ」として父を挙げる人はそれほど多くありません。

たとえば、性虐待の加害者である父、激しく殴る蹴るをする身体的虐待加害者である父、アルコール依存症の父などですが、それらの深刻さは言うまでもありません。しかしわかりにくさは少ないのです。明確にそれらを暴力・虐待と名づけることで、自分が悪かったのではないかと責める度合いは、比較すれば少ないかもしれません。それほどまでに、母の支配は狡猾です。

父の支配はお金と暴力、飲酒や女性蔑視的言葉……などはっきりと指摘できます。母のような、愛情という名を借りた、病弱で弱々しげな支配、あなたのためなのよという抵抗を封じて罪悪感でがんじがらめにするような支配とは異なります。

その理由は、おそらく日本の家族における父親の地位が盤石であり、社会的に男性のほうが優位であること、つまり権力をもっているからでしょう。権力をもっている存在は、わかりにくい支配などしなくても、存在しているだけで支配できてしまうからです。

言うなれば、インナーという内部にまで忍び込まなくても、アウター（外部）で十分に支配できるのが父なのです。外部であれば抵抗は可能です。インナーは、自分の血肉となっていますから、それを脱するには、どこか自分を切り刻まなければならない苦痛をもたらすのです。

第6章 ACのグループカウンセリングで語られること

1　グループカウンセリングとは

ブルーオーシャンとしてのACGⅡ

先日目にした言葉に、レッドオーシャンとブルーオーシャンがあります。すでに多くの人が潜って海底を知り尽くした海をレッドオーシャンと呼び、誰もまだ潜ったことのない未知の海のことをブルーオーシャンと呼びます。言うなれば、私はずっとブルーオーシャンを目の前にして、そこを泳ぎ潜ってきたのだと思ったのです。まさにACGⅡ（アダルト・チルドレン・グループカウンセリングⅡ）は私にとってブルーオーシャンそのものでした。

グループをスタートさせてから、手探りでその運営方法やACの回復について考えなければなりませんでした。のちに述べるナラティブ・セラピーなどの専門知を参考にしながらの試行錯誤でしたが、その歴史は、私のカウンセラーとしての歴史そのものとも言えます。

日本で例のない、もちろん世界でも例のないグループカウンセリングであるということは、まさにブルーオーシャンでした。

女性だけを対象としたのは、一九九五年一一月まで仕事をしていたカウンセリング機関で、やはり女性特有の問題があるのではないかと思っていたからです。またクライエントの女性から、ACの体験として性虐待のことも語れる場が欲しいとの要望を聞いていたこともあります。本書の基本になっているのはACGⅡでの私の経験であり、今後グループというときはグループカウンセリングのことを指していることをお断りしておきます。

三〇代後半以上の年齢でACと自覚した女性のためのグループカウンセリングACGⅡは、一九九五年の一二月から開始されました。原宿カウンセリングセンターではACのグループは、二〇二一年の現在でも複数実施されています。二〇代から三〇代前半の方たちを対象としたグループはACGⅠと呼び男女ともに参加できます。

しばしば自助グループとグループカウンセリングが混同されます。セルフ・ヘルプ・グループを自助グループと呼びますが、一九三五年にアメリカで誕生した、アルコール依存症者の自助グループであるAA（アルコホーリクス・アノニマス）がその代表です。今日一日お酒をやめたい、と願う人は誰でも参加できますし、アルコールに問題があると自覚している人（当事者）によって構成されます。一方で、ACGⅡは、私というカウンセラーが運営の責任を負っていますし、有料であり原宿カウンセリングセンターの援助・相談活動の一環として実践されます。

二〇二〇年のコロナ禍の拡大によって、二〇二一年の現時点ではずっとオンラインで実施されていますが、私が運営責任を負い有料であることに変わりはありません。このように、専門家が運営するかどうか、当事者によって運営されるかどうかは大きな違いです。この相違点を理解していただくことは、何より重要だと思います。

日本でもACの自助グループはいくつか存在しますし、それぞれ全国でミーティングが行なわれています。それらの情報はインターネットで得ることができると思います。

ACGⅡの運営の方法は、自助グループから多くを学んでいます。「言いっぱなし、聞きっぱなし」と表現されますが、自分が話したことに対してコメントや応答をされないということです。話したらそのまま、聞くほうはただ聞くという運営は、まさに自助グループがつくり出したものでした。

現在の自分を受け入れてくれる場所で

グループでは、自分を語ることが大切です。もっというと、自分と親との関係を語るのです。しかし、この「私」を中心にした話し方は簡単ではありません。日本では、日常会話は主語がないことが当たり前です。自分のことではなく、他人（子どもや配偶者なども含めて）について話すことで会話が進みます。よくスーパーで立ち話をしている人たちがいますが、あれはたいてい情報交換や、噂話などが話されているようです。「あの人がこう言った」「世間ではこう言われる」「あの人からこんなことをされた」などという会話は、非常に心地いいものです。なぜかと言えば、他人のことを話題にすることで、自分は隠れみのに入ることができるからです。なぜ世間話や噂話に花が咲くのかといえば、それが私たちにとっては「安全」であり、ある種のストレスを発散させてくれるからです。そこに男女の違いはあまりないように思います。

「私」を主語で語ることは「私」がグループのなかでだんだんコートを脱ぎ、セーターを脱いでいく感覚に似ています。不必要な衣類を脱ぎ去ったときの軽やかさはたとえようもありません。その快感をいちどでも味わうと、それがグループの魅力だと実感できるでしょう。

ここで誤解をされないように断っておきますが、すべて話さなければならない、正直にならなければならない、自己開示をせねば、と思う必要はありません。それにとらわれてしまうと、ああ、私はグループでも正直になれない、と思ってしまうからです。もともと親からの「〇〇でなければならない」という束縛や支配で苦しんできた人が、そこから抜け出るためのグループで「自己開示をしなければならない」と考えてしまうことは、本末転倒ではないでしょうか。初回に参加されたメンバーに、私は次のようにお話しします。

「グループでは、今話せることだけを話してください。話したら楽になれると思うことだけを話してください。話した内容について後悔することは誰もが同じです。だから話した内容について自分を批判することはできるだけやめましょう」

ナラティブ・セラピーの影響

グループで話されたことは、それですべてOKなのです。言いっぱなしですので、それを批評、批判されることはありません。他者（なかでも親）からの評価に脅えてきた人は、最初はとまどってしまうかもしれません。何も反応されないことは、不安になるでしょう。いったい誰に向かって話しているのかわからなくなるのかもしれません。

言い換えれば、誰からも査定されない雰囲気と言えます。親について自分の感じていることを少しでも語ると、「そうじゃないでしょ」「親に向かってそれは」「親はいくつになったと思ってるの」、ときには「人間としておかしい」と言われつづけてきた人たちにとって、査定され、否定されないグループは、経験のないことでしょう。徐々にその雰囲気や言いっぱなしであることに慣れることで、「安全な場所」だという感覚が共有されていくのです。

親との関係について語ることは、彼女たちの経験が物語（ストーリー）になることを意味します。ストーリーというと、フィクション＝物語だと誤解されやすいでしょう。ストーリーは形式のことを指します。私たちは幼いころから、他者に何かを伝えるときにストーリーという形式（フォーマットと言えます）

が必要になります。それは、何度も話すうちに、繰り返し語るうちに、少しずつ変わっていきます。この変化がとても大切なのです。

一九九〇年代に、私たち臨床心理や精神医学の専門家の間で流行のように広がったのがナラティブ・セラピーです。簡単に述べると、「私は私についての物語である」「自己とは自己の物語である」という考えにもとづいています。

たとえば、「あなたってどんな人？　紹介してくれますか」と言われたとき、どうするでしょう。ある人は生年月日、出身地、出身校、勤務先、趣味などで自分を紹介するかもしれません。でも、それだけでは何もわかりません。いちばん伝わるのは、これまでどんな思いで、どんな苦しみを抱えながらここまで来たか、というストーリーを語ることでしょう。

物語として語ることで相手に伝わるのです。ナラティブ・セラピー的に言えば、その物語こそが自分なのです。言い換えれば、私についての物語が変われば、私は変わるということでしょう。ナラティブ・セラピーはそれを実践することになります。つまり、本当の私、真実の自己などというものを想定しないところから出発するのです。何か自分のなかに核のような人格があって、それを探り変革する、もしくは治療するという考えではないのです。

私とは、私について語る物語そのものなのです。語るというのは、頭のなかで描く自分でもあり、自分について叙述することも含めます。

言い換えれば、私についての物語が変わることが、その人が変わることになるのです。この考え方に接して、私はＡＣＧⅡの目的、ＡＣの回復について大きなヒントを得ることができました。

真実はひとつではなく、すべてが本当なのだ

グループで話す内容は、すべてが受け入れられると書きましたが、言い換えると、すべてが「本当」のことなのです。「真実」だと言ってもいいでしょう。

「本当」とはひとつではありません。「真実」はたったひとつではないのです。毎回話すことは、すべて本当なのですから、一〇回グループに参加すれば一〇通りの本当があることになります。

だから「真実を語っているか」「裸になって話していないのではないか」というとらえ方や査定は、無意味なのです。このような聞き方は、グループ参加者全員に共有されていきます。そのためにも、私というグループの責任者の態度は大きい影響を与えます。

参加者の語る親との関係についての物語を、どのような内容であれ、どのような話し方であれ、ときには泣きながらであっても、ひたすら聞く。このような態度は、グループ全体に伝染していくのです。

なぜ生育歴をグループで発表するのか

生育歴の発表はその女性がＡＣＧⅡに参加するハイライトと言えるでしょう。

グループは一〇回で一クールになります。そして一〇回目には、グループで自分の「生育歴」を発表することが義務とされています。まるでピアノの発表会みたいですが、雰囲気的には同じだと思います。

発表の形式は自由ですが、口頭で読み上げた場合に三〇分以内で終われるくらいのボリュームという制限があります。オンラインの場合は文章にまとめ、そのデータを事前に送り、グループのメンバー全員が読んだ感想を述べて、最後は生育歴を作成・発表した人の労をねぎらい、称えて、拍手で終わることになります。

生育歴を発表することをグループのひとつの区切りにしよう、そう思ったのはナラティブ・セラピーがヒントになっています。生育歴とは自分についての物語であり、ＡＣである自分の「当事者研究」であり、もうひとつ重要な点は、自分にあのような被害を与えた、自分を支配しつづけた（ている）「親の研究」でもある、ということです。

前述の通り、私は話された内容、そのストーリーが「真実」だと考えます。それを「真実を語っているか」「裸になって話していないのではないか」とは考えないのです。それは、その人が語る内容を、その人を査定することなのです。なぜなら、そこで話されたことはその人において「真実」「本当」なのです。

他のメンバーの話を聞いていると、それだけで自分の経験が言語化されるきっかけになります。また、ときには新しい記憶がよみがえったりすることも起こります。新しい考えや言葉を得ることで、親について新たに発見することもあります。そうやってストーリーは変わっていきます。

しかし、基本は過去の経験にあるのではありません。あくまでも現在の自分にあるのです。今の自分が安全だと感じられるようになることで、消していた、ないことになっていた記憶がよみがえってきます。これはよくあることです。それはグループの他のメンバーが、共感をもって聞いてくれることであったり、誰からも批判されないことであったり、涙を流してくれることによって起きるのかもしれません。

このように、現在の自分を受け入れてくれる場所があって初めて自分のことを語ることができ、その内容は少しずつ変わっていきます。この変わることに大きな意味があります。

そのいくつかをここで紹介してみましょう。当然プライバシーの問題もあるので、基本的な部分以外は変更してあります。

2　ＡＣの女性たち、その光景と声

子どもは私を愛してる？

三〇代のＡ子さんは夫との関係に困ってカウンセリングに訪れました。

彼女は大学で経済学を学び、卒業後、証券会社に就職しましたが、親の勧めるまま前夫と結婚しました。ところが彼は、交際中とは打って変わって、少しでも彼の言葉に反論すると激しい暴力をふるったのです。耐えられずに、Ａ子さんは二年後に離婚しました。

もともと勉強好きで、成績のよいことを生きる目標のようにしてきたＡ子さんは、離婚して実家に戻ってから前夫からの慰謝料を新しい勉強の機会に生かそうと思いました。出身大学の研究室の指導教官からの勧めもあり、日本を離れるためにも留学することを決意します。

九〇年代後半は、ソ連崩壊後の世界が再編成されつつあり、彼女は新しく地域経済を学ぼうと、フランスに留学しました。生まれて初めてひとり暮らしを始めた彼女は、これまでにないさまざまなことを経験することになります。

新しい環境、新しい研究に胸躍るような日々だったのですが、なぜか夜になると親のことを思い出すようになりました。実家にいたころ、前夫との結婚生活でも、そんなことは起きませんでした。

四人姉妹の次女だった彼女は、とびぬけて美しく、聡明でした。それでも母親はひとことも彼女を褒めたことがありませんでした。何を習っても上達が早く、ピアノも先生からいつも褒められていたのに、母は「もっと上を」と目標を上げていくのでした。まるで、馬の前にえさのニンジンをぶら下げるように。

親から、「勉強ができなくてはいけない」と言われつづけていたのは、四人共通でした。四人を比較しつづけ、競争心を煽るのも母のいつものことでした。A子さんは他の三人からずっと妬まれて育ちました。下の妹は医者として親の期待通りの人生を送っていますが、姉は早々に母の路線からドロップアウトし、今は音楽関係のフリーターと同棲して親のもとには顔を出しません。

そんなことをこれまでは「過去のことだ」と思って気にも留めなかったのですが、フランスに来てから不思議なことに、親から言われたことが次から次へと夢のなかに出てくるのです。ときには自分の叫び声で目が覚めることもあり、あまりにそれらが生々しいので、何度かセラピーを受けました。残念ながらフランス語という言葉の壁のために、満足のいく結果は得られませんでした。

留学した大学には日本の官庁や企業からの留学者が多く、そのなかのひとりと親しくなり、結婚することになります。それが現在の夫です。

二年後に帰国したA子さんは妊娠し、娘を出産します。研究生活も中断を余儀なくされました。娘が生まれてからの彼女は、子どもが一歳を過ぎ、言葉を少しずつわかり始めたころから、「ママのこと好き?」「好きよね?」と繰り返し、確認させるようになりました。幼い娘はちゃんとそれにうなずいて答え、母である彼女を安心させてくれるのでした。そのことがヘンなことだとA子さんは考えませんでした。

実の娘だけど、自分のような母親のことを好きになってくれるだろうか。きっと嫌いになるに違いない、そんな不安が押し寄せてきたからです。

二歳半を過ぎると、娘のほうから彼女が質問する前に、「ママのこと好きよ」「ちゃんと好きだからね」と言うようになりました。まるで母親を安心させるように。それでもやはり不安になって、「ママを嫌いにならないでね」と言わずにいられないＡ子さんに対して、夫は「それはおかしいよ」と言うようになりました。

娘が三歳を過ぎると、「そんなに不安なら僕に確かめてくれよ」と夫が割って入るようになりました。たぶん、Ａ子さんと娘との、まるで親子が逆転したような関係をなんとか変えようと考えていたのでしょう。何度も夫に言われて、やっと娘への確認「ママのこと好き?」を止めることができました。

しかし、今度は夫との関係がまるで親と子のように変わってしまったのです。毎晩娘が眠ってから、娘のおもちゃを取り出してままごと遊びをしたり、幼児語を使って夫に話しかけたりするようになったのです。最初のうちは夫も相手をしてくれ、娘へのヘンな質問が止められたことをよろこんでいたのですが、まるで幼児のような妻の言葉がしだいに受けつけられなくなっていきます。

ある日、真剣な顔つきで「僕は君の親じゃないんだよ」とのひとことを投げつけて、夫は子どもを連れて両親のもとへ去りました。たぶん慎重に準備を重ねて、ある日実行に移したのでしょう。

夫と娘がいなくなった部屋で、彼女は自殺を考えます。

医者からもらってためこんでいた睡眠薬を大量に服薬すればいいのだと思い、机の上に薬を広げました。でも、なぜか飲む前に母に電話をしようと思ったのです。最後にひとこと〝あなたに愛された記憶がない〟と告げたくて、母に電話をしました。

予想通り、母は〝人騒がせなことを言って〟と素気なくつぶやいて電話を切ってしまいました。ああ、やっぱりだと思ったＡ子さんは、薬を飲みました。

たまたま翌朝、荷物を取りにきた夫が発見し、A子さんは一命を取り止めました。病院を退院後、ACという言葉を知り、カウンセリングにやってきたのです。

ぼんやりとした顔をして、A子さんは次のように語りました。

「何をしても実感がありません。実感がないのがつらいのです。テレビを見ていても、ご飯を食べていても、すべて実感がないのです。プログラムの通りに生きているだけという気がするんです」

「娘に対して、どうしてあんなに不安だったのでしょう。そのことを、退院後ずっと考えつづけています。たぶん、生まれてからずっと、親に捨てられるのではないかという思いがあったんじゃないかと。勉強を一生懸命してきたのも、ただただ楽しくしていると、絶対に親から捨てられると思ったからです。何をやっても限界を超えるくらい頑張らないと、親からは許されないと思いました」

「最初の結婚も、親が勧めたのがいちばん大きかったんです。正直相手が好きかどうかなんて、どちらでもよくて、親が今度こそ認めてくれると思ったので結婚したようなものでした。親の求めるように生きなくては、捨てられてしまう。それは世界のなかから居場所を奪われるほど怖いものでした。それが怖くてたまらなかった」

「娘には、こんなに怯えている私のことを、本当は嫌いじゃないのと確かめずにはいられませんでした。夫はたぶんこんな私のこと、理解できないでしょう。夫は親の愛を受けて育った人ですから。だから結婚しようと思ったんです。私が何を怖がっているかはわからないままに、私の不安や怯えを受け止めてくれようとしたのは夫が初めてでした。そんな夫にも愛想を尽かされてしまった私は、どうしたらいいのでしょう」

A子さんは時々カウンセリングに訪れますが、夫とは別居のままです。このように一見、夫婦関係の問題に見えるのですが、根底には親子の問題が大きく横たわっている人は珍しくありません。出産し子育てをすることは、女性にとって成長することだと言われますが、私はそんな単純なことではないと思います。

妊娠、出産、育児は、もういちど自分と親の関係に直面することを意味します。未来に生きる子どもを育てるためには、もういちど過去に戻る必要がある、そう思います。

両親の夫婦関係って、なんだったの？

「実感がない」と訴えるＡＣの人たちは決して珍しくはありません。

いつも映画のシーンのなかに自分が登場しているような感覚がどこかにある、と言う人がいます。

Ｂ子さんは教師である両親の自慢の娘として育ちました。山に囲まれた田舎町では近所の子とはちょっと違う女の子でした。

しかし、両親は彼女の幼少期から不仲で、父は同じ敷地の祖父母の家で食事をしていました。彼女も幼いころからその状況のなかで育ったのです。母親は美しい人でしたが、妹と三人で、自宅で別に食事をとるという生活でした。

それでも彼女は、家族がこのようにひとつの敷地のなかでふたつに割れてしまっていることを当たり前だと思っていたのです。

広い庭には花木がいっぱい植わっていて、春には純白の木蓮が、ろうそくのような花をつけます。夕闇に浮かんだその白い花の下で母が声を殺して泣いている姿を風呂の窓からのぞいたときの罪悪感が、今も春になって白い花を見るとよみがえってくるのです。母の寝室にはウイスキーのポケットびんがいつも散乱していました。

中学生になると、両親も思春期の娘に気を遣い、同居・同食を始めたのですが、それからが地獄のような日々でした。

食事は時間差でとり、寝室も別。夕食後、顔を合わせた両親は毎日のように冷たい言葉を交わします。でも、決して暴力は起きません。ひたすら冷えきった言葉を淡々とぶつけるだけなのです。その言葉を耳にするのが怖くて、そそくさと食事をすると、自室で勉強するふりをして、早く時間が過ぎないかと念じていました。

彼女がそんな夜の時間をやりすごすために見つけた唯一の救いは、歯痛のときに飲んだ鎮痛剤を「もう耐えられない」というときに口に入れてしまうことだけでした。

高校時代は絵を描くことに熱中し、ほとんど深夜の帰宅を繰り返していました。美術大学への入学と同時に上京し、家を離れることで彼女はやっと楽になれたと思ったのです。市販の鎮痛剤依存も一応治まりました。

大学の同級生の男性から結婚をせまられたとき、「こんな私を求めてくれている」ということだけで信じられないくらいにうれしく思い、迷わず結婚にふみきりました。

彼女は〝両親と違う楽しい家庭をつくって見返してやる〟という気持ちの一方で、〝きっと壊れるに違いない。私みたいな人間に家庭をつくれるはずがない〟とずっと感じつづけていました。

夫は彼女のことを少女のようだと言い、どこか宙に浮かんで現実のことは何もできない人と形容します。彼はそこに惹かれたのでしょう。

美術の教師をしながら結婚生活を送り、四〇歳を迎えようとしていますが、子どもだけはどうしても産むことが怖かったのです。

自分で自分を支えるのがやっとの自分に、子どもを産んで育てられるわけがないと感じ、母になることを断念しました。夫はそれも受け入れ、まるで保護者のように彼女を守ってくれます。

でも、そんな何不自由のない生活のなかで、いつもいつも繰り返し出てくる夢があるのです。

嵐の夜、城の一室に閉じ込められ赤々と燃える暖炉の炎を見ていると、外から壁を破って侵入してくる若い男がいます。彼女が彼に「助けて」と叫ぶと、彼はいっしょに逃げようと言います。ふたりで城を出て馬で逃げると野原に一軒家があります。そこに入って休もうとすると、部屋がそのまま檻になり、若い男は殺されてしまう……。

彼女はその夢をこう解釈しています。

〝私は今の夫との生活をどこかで壊したいと思っています。そして、夫という保護者を離れて生きてみたいと思っているんです、でも、それは今の私には無理なことなんです〟

彼女は親との関係についても、ときどき怖くなって話せなくなることがありました。

「でも夢のなかで私は〝助けて〟と叫んでいたんです。その声はちゃんと今も耳に残っています」と、カウンセリングで泣きながら語りました。

彼女の両親は今も別れずに故郷の彼女の生家で暮らしています。

「それでは、あの私の苦しかった歳月はなんだったの？　子どもの私にどうしてあんな地獄を見せたの？　夫婦ってなんなの？」

この問いも多くの女性に共通するものです。両親が繰り広げるこの世のものではないほどの憎しみや暴言、罵詈雑言、もしくは氷よりも冷たい寒々とした世界を経験しなければならなかった子ども時代。

何度も「別れてほしい」と心のなかで願ったにもかかわらず、年老いてもなお、ふたりは同じ光景を繰り広げているのです。

Ｂ子さんは、もう一〇年以上両親には会っていません。それに、あの花で埋まる庭もとっくにつぶされてしまいました。

彼女はいつも楽しいことがあってもつらいことがあっても、それは全部映画のシーンにすぎない、きっといつかは〝ハイ、これで終わり〟とエンドマークが出てしまい、一瞬の内にすべてが終わると感じながら生きています。

実感がないことは離人症ではないか、という説明もあります。しかしそれを病的だと私は考えません。Ｂ子さんのように、過酷な環境を生きてくるためには実感をもたないことが必要だったのでしょう。それらを説明する言葉としてＰＴＳＤ（心的外傷後ストレス障害）があります。

幸福な家庭の裏側～母の一瞬の光景

団塊の世代であるＣ子さんは離婚経験者です。子どもがふたりいますが、長女には不登校や家庭内暴力の時期がありました。今はそれも収まり、彼女はマスコミの仕事をするキャリアの女性として活躍しています。

彼女は自分はＡＣではないかと思い、カウンセリングに訪れました。結婚するまで、広大な家に住み、社会的に尊敬されるような両親に恵まれていました。虐待された記憶もないのに、どうしてこんなに苦しいんだろう、という大きな疑問をもっていました。

カウンセリングをつづけるなかではっきりしてきたのは、Ｃ子さんの母親は、幸福な家庭を必死に維持してきたにもかかわらず、とても不幸だったということです。その不幸とは、心底C子さんの父（夫）を嫌悪してきたからです。

大きい家に住み、傍目には夫婦仲のよい平和な家庭でした。毎朝、弁護士である夫を玄関まで「いってらっしゃい」と送り出した母は、いったん夫が出かけてしまうと、夫の触れたものには触らないようにしていました。父の飲んだ湯飲みはゴム手袋をはめて洗い、洗濯物は父のものだけ別にして洗うのでした。そういう光景はC子さんにとっては日常的なものでした。

彼女が今でも忘れられない光景があります。

父親は背中がかゆくなると、よく孫の手を使っていましたが、場所によってはうまく届かないこともあります。そんなとき娘である彼女がよく頼まれていました。あるとき父は、母に「背中がかゆい、ちょっとかいてくれ」と頼んだのです。そのとき母は、能面のような表情をして顔を背けながら、夫の背中を掻いたのです。そのシーンは今でも鮮やかに思い出すことができます。

その一方で、彼女の母は料理やおやつにも精を出して手づくりするような人でした。母親の手づくりのワンピースを着て、おやつを食べるという日々は、幸せなはずの子ども時代でした。しかしその影響は大きいものがありました。

C子さんは大人になってからも、母の選んだ服以外は着ることができませんでした。自分で選んだりすると罪悪感をおぼえるのでした。自分の部屋のアレンジメント、大学生活のサークルなど、すべて母にお伺いを立ててでないと決めることができませんでした。

思い切って結婚した男性が浮気を繰り返すために結局別れることになったのですが、父が心配して家裁の調停の手配を手伝ってくれたのに対して、母は「私たちの家系に傷をつけるようなことをして」と一切同情をしませんでした。

そのころから、母からの愛情と信じて疑わなかった数々の発言に疑問を抱くようになりました。子どもふたりがそれぞれ問題行動を呈したことも、自分と母との関係を見直すきっかけになったのです。

母親が決してお父さんが飲んだ湯飲みに触らないこと、手で父の下着をつまんで汚いもののように扱うこと。それを見ることは、子どもにとってどんな影響があるでしょう。自分も母と同じく父を汚いものとして扱わなければならないと思うかもしれません。自分にとっては汚くない父であれば、母を失いたくないと思う子どもは、父と触れ合うことに深い罪悪感を抱くでしょう。日々母を裏切っているという感覚に襲われるからです。

母を支えるためには、その他の部分では忠実な母の世界の住人でなければなりません。手づくりの理想的な母親像を決して壊さないようにしなければなりません。自分の好みなどなく、母の世界がすべてであるという感覚は、外界との接触で養われる感覚を否定することになります。そうやって生きてきたこと、やみくもに結婚しようと思ったのも、そこから逃れようとした試みだったことなどが、やっと見えてきました。

ACという言葉をきっかけとしてこれまでの人生を振り返ることで、C子さんはやっと母の世界から解放される思いがしたのです。

自分の血を引く存在が怖い

D子さんは「私は発達を自分で止めている」と言いました。「いくつで?」と尋ねると、「一三歳で止めている」と答えます。

彼女は、すさまじい親の暴力を見て育った人でした。帰宅するといつも酒を手放さなかった教師である父は、週末になると母に激しい暴力をふるったのです。同じく教師だった母は、父からの暴力に対抗してあらゆる物を投げ、叫び、同じように酒を飲むのでした。両親が教師という立場は、地域のなかでは恵まれていると見られていました。父も学校では、打って変わったようにやさしい教師として評判だったのです。

しかし家のなかは、テレビは壊れ、ドアに穴が開き、しょっちゅう茶碗は割れるという惨状でした。そのことを外部の人に漏らさないように、必死でＤ子さんも弟も明るく成績のいい子どもたちを演じてきました。

教頭まで務めた父は、酔って帰宅する途中で車にはねられ亡くなりました。彼女が一三歳のときでした。父の死後、その後を追うように母も大量に飲酒をするようになり、一〇年後にはアルコール依存症として入院することになりました。その病院で、母の主治医から「あなたはＡＣだ」と言われ、カウンセリングに訪れたのです。

両親は、Ｄ子さんと弟に「とにかく勉強していい成績を取れ」とずっと言いつづけました。しかし学校から帰ると、酔った父に暴力のスイッチが入らないように緊張しているのが日常でした。一生懸命勉強している時間だけは両親から認められましたので、自室でずっと勉強をしていました。居間で繰り広げられる茶碗の割れる音、母の泣き叫ぶ声、床に倒れる音……なども、聞こえないふりをしてひたすら勉強をしていたのです。

父の事故死の後、中学二年生のある日、授業中に先生からあてられたのに何も答えられませんでした。その瞬間、スーッと自分が教室から浮かんだような感じになり、教室全体が妙に白々しい光景となったのです。D子さんは、その瞬間から発達が止まったと言います。あのときの感覚は今でも生々しく、世界がそれから変わってしまいました。

彼女はそのときからずっと現実感がないままに生きてきました。そのうち食欲を失い、体重が極端に減り、拒食症になりました。身体が煩わしくて、生理は汚らしいものでした。高校時代に精神科に入院したのも、いのちが危ないほど痩せてしまったからでした。

現在は痩せてはいるものの、普通に食事をとっています。D子さんにとっては、それは生活のための「えさ」にしかすぎません。おいしいとかまずいという、食事が楽しいという感覚を今まで味わったこともないのです。三五歳になった彼女は、年齢についても全然実感がないと言います。目の前に座っているD子さんは、年齢不詳のままです。動作がどこかぜんまい仕掛けの人形のようで、ときには植物のような印象をうける人でした。

弟もD子さんも、大学入学と同時に東北にある実家から遠く離れて暮らすようになりました。それは母親との接触を避けるためでした。子どもたちが家を出ると、母親は実家でずっと酒を飲む生活を送っていました。入院すると酒は飲めないのですが、退院するとすぐに飲酒をするということを繰り返していたのです。高校時代の同級生と東京で再会し、結婚を決意しました。彼は、D子さんの実家の様子をよく知っていたからです。

最後まで結婚に反対した母は、結婚式当日の朝、実家の二階から飛び降りました。幸い踵の骨を折っただけでしたが、娘の結婚を妨害するための行動だったことは間違いありません。

その後、実家はゴミ屋敷と化し、母は汚れた衣服のままで酒を飲みつづけていました。酒を買いに外出した折、酔って道端で倒れることがありました。母親は娘の電話番号を書いた紙切れを財布に入れていたので、救急車に乗せられると、そのたびにＤ子さんが連絡を受け、東京から新幹線で駆けつけざるをえませんでした。

だんだん弱って酒を買いにいけなくなった母親は、家の前を通りかかる高校生に千円をあげて、お釣りをエサに「缶ビールを買ってきてちょうだい」と言っては飲酒を繰り返していました。高校でそのことが問題になったこともありました。

最後は部屋のなかで倒れ、死後三日目に発見されました。母を引き取りにいったとき、遺体を見ても彼女は涙が出ませんでした。

自分の血を引く存在を残したくないと思い、子どもはつくりませんでした。夫は異性ではありますが、彼女にとっては父であり、ときには母のような存在です。そんな保護者のような夫と、今は小さなマンションでほとんど引きこもったまま、Ｄ子さんはまるで「ガラスのびんの底」のような生活を送っています。

理由のない空虚さ①～母には勝てない

五〇代のＥ子さんは、娘の薬物依存の問題がきっかけとなってカウンセリングに訪れました。いくつかの相談機関を転々とした末のことです。

娘の薬物依存の問題は、病院を退院後、自助グループに通いながら薬をやめることができました。同じグループの仲間である男性と結婚し、子どもが生まれることになりました。こうして娘の問題が一段落してから、彼女はやっと幸せになれると思ったのに、実はとても空虚な感覚に襲われます。夫は律儀なクリーニング業を営んでいましたが、同居していた夫の両親にはずいぶん助けられました。娘の問題も、ときには夫との関係についても支えてくれたのです。舅が死んだことが追い打ちをかけて、たとえようもない寂しさにいてもたってもいられない思いでした。

そのころから、今まで目先の問題に振り回され思い出すこともなかった自分の原家族、特に母のことを思い出すようになったのです。

彼女の生家は山陰の小さな漁村で、公務員の父と母のもとで四人姉妹の次女として育ちました。安い給与だったのに、家には祖父母、それに父の末の弟までが同居していました。九人が三部屋にひしめいていたのです。

そんなイライラもあったのでしょう。公務員の父は勤務を終えて帰ってくると酒を飲みます。酒を飲むと祖父と毎日のように喧嘩になりました。それを祖母が止め、それをまた母が止めるというような修羅場が年中繰り返されていたのです。彼女たち姉妹はそれこそ息をひそめるように暮らしていました。

ある日、Ｅ子さんはおじとちょっとした口論になり、そのことを咎めて祖母が「生意気に育てたあんたが悪い」と母を責め、怒鳴ったのです。母をかばいだてしようと口答えをしたＥ子さんに対して、そばで聞いていた祖父が「おまえは人間ではない！」と怒鳴り、包丁を振りかざして追いかけてきました。はだしで逃げながら、恐怖で足がもつれるほどでした。

それを止めたのは母でした。そのとき、もみあっていた母親と祖父がふたりとも怪我をしてしまいました。血まみれの光景を見て、Ｅ子さんは、私のせいで大変なことになった、どうしよう、謝らなければ、と思うのですが、声が出ないのです。

そんななかで、母親は自分の怪我は放っておいて、祖父の血のついた足と手を拭ったのです。それはあたかも、聖書に記されたキリストの足を拭うマグダラのマリアのような宗教的な光景でした。母親は自分を傷つけた祖父を責めるどころか、血のついたその足をバケツで洗い、拭いているのです。その光景を目のあたりにして、E子さんは、生涯この母親には頭が上がらない、何をしても勝てないと思ったのです。

その後、怪我をしてまでかばい自分を救ってくれた母親を、心のなかでどんどんふくらませつづけました。「素晴らしい」「足もとにもおよばない」母であるとして、ずっと理想化してきたのです。一方で、そんな母に似ても似つかない駄目な自分を責め、いつも自分の存在を罪深いと思いつづけたのです。

自分の家を早く出たいと思い猛勉強をし、奨学金をもらって女子大に入り、寮生活を始めます。実家を離れることで楽になれるかと思ったのですが、逆でした。不安になり、根無し草のような感覚に襲われるようになったので、それを打ち消すために、男性と傷つくような関係ばかり繰り返すようになりました。彼女は振り返って、あれは自分を傷つけたかったのではないか、一種の自殺企図ではなかったかと思います。

そのような行動は必ず飲酒を伴っていました。ときには大量に飲んで記憶を失うことも珍しくありませんでした。そんなときに現れたのが、夫でした。一〇歳近く年上で、自分が育ったのと同じような大家族でした。彼から、率直な言葉で「結婚して家に来てほしい」と言われたとき、こんな私でも役に立てるのなら、そこまで必要とされるのならばそれで十分だ、こう思ったE子さんはあっさり承諾しました。

結婚生活は、当然のように苦労の多いものでしたが、ことあるごとに彼女は実家の母親に電話で相談したのです。母親のアドバイスはすべて素晴らしいものと思えました。

理由のない空虚さ②〜イメージの組み替え

Ｅ子さんはＡＣのグループカウンセリングに参加するようになり、母親との関係が大きく変わるのを感じました。毎回具体的なエピソードを回想し、話しながら、少しずつ母親の像を組み替えることになりました。

Ｅ子さんはずっと母の言う通り、決して人を責めてはいけないと考えてきました。それなのに責めたくなるのは自分が悪い、家族の争いや娘の薬物依存は私に責任があるのだ、と考えてきました。そう考えることで、すべての辻褄が合いますし、誰も責めなくてもいいからです。何より、こんな結婚生活を送る娘のことで、母には苦労を掛けつづけてきたという思いは、五〇代になっても消えないのです。

ところが、何度も母のことを語るうちに、他のメンバーの話を聞くうちに、少しずつ母親の姿が違って見えるようになりました。母には生活力がありませんでした。当時の女性は誰もがそうだったのでしょうが、ひたすら家族の世話をするしかなかったのです。安い給料でしたが、公務員である父、飲んだくれの父にくっついている他なかったのです。それは愛というよりも、単に女性が生活力を奪われていたこと、それ以外の生き方がなかったからかもしれません。それしかないというのは選択の余地がなかったからであり、それを犠牲的精神とか崇高なことだと思う必要もなかったのかもしれません。結婚した時点で、母にはそれ以外の道が閉ざされていて、四人の娘を生んだことでさらに道は狭まったのでしょう。

あの流血の場面で、母が祖父に抵抗して、娘をかばったならばいったいどうなったことでしょう。実家で、祖父は最大の権力者でした。長男である父は祖父に頭が上がらず、諍いを起こすたびに祖父から鎮圧されていました。そんな祖父に母が逆らうことなどできたでしょうか。マグダラのマリアではなく、母は、あの家族を生きるために、祖父に恭順の意志を表すために、娘の手本になるために、祖父の血を拭ったのです。

そして気づきました、いちばん重要な役割を果たすべき父があそこから逃げていたことに。奇妙に父は不在でした。あの場面に居たはずなのに、主役は祖父と母でした。

こうして母親のイメージは変わったのです。崇高な犠牲的精神のもち主である母からただのおばさんへと、見上げる存在から地上の母へと、変化したのです。

Ｅ子さんの母は、高齢者になった今も、地域のボランティア活動に参加しています。父親は酒のせいかぼんやりしていますが、すべて母の言いなりになり、母への依存を深めているようです。常に正しかった「勝てない母」の支配性が、少しずつ見えるようになりました。

そして、生育歴をまとめて発表することで、悲惨だったはずの自分の子ども時代も、けっこう楽しかったこともあると思えるようになりました。漁村の魚臭い風や、海からのぼる太陽の光景を時折懐かしく思い出すことさえできるようになりました。

血を見ると気が遠くなる

Ｆ子さんは、五〇代になった今でも、血を見ると気が遠くなってしまうのです。自分が包丁でちょっと怪我をする。血が出る。その血を見ると、ふっと気が遠くなってしまいます。

それがなぜなのか、ずっと気がつかなかったのですが、ＡＣＧⅡに参加するようになってその理由に気づいたのです。

父親はいつも母親を殴っていました。殴られて血を流すことも珍しくありませんでした。

母は、その血をこっそりと、風呂場で洗っていました。Ｆ子さんが入浴しようとすると、水で洗い流したはずの血がうっすら残っていることもあったのです。それを見るたびに、彼女は母親が死んでしまうのではないかという恐怖で、気が遠くなる思いに襲われたのです。そのことを、彼女はずっと記憶から消していました。

彼女の父親はもともと大きな地主の長男でしたが、敗戦によって土地を全部手放すことになりました。その没落のショックによって、父は鬱屈したものを抱え、母をいつもその捌け口にしていたのです。そんな背景がわかったのも、Ｆ子さんがＡＣＧⅡに参加してからです。

父の暴力は日常的でしたが、彼女は小学校では明るい優等生でした。唯一の楽しみは、学校帰りの家につくまでの下校時間です。野道を歩きながら、ひとりで劇を演じながら帰りました。父親の役、母親役、そして子どもの役と、ひとりですべて演じ、声色も変えながら「とても楽しい幸せな家族」のドラマをつくるのです。

「今度の日曜日、動物園に行こうか、久しぶりだな」
「そうね、いいわね、おいしいお弁当をつくるわね」
「わあ、うれしい！　卵焼きもたくさん入れてね」

こんな楽しい家族を演じる二〇分間があって、Ｆ子さんは小学校時代をやっと生きつなぐことができたのです。

小学校六年のとき、卒業記念にみんなでタイムカプセルを校庭に埋めることになりました。大人になったら宇宙飛行士になりたい、スチュワーデスになって世界の空を飛びたい、科学者になってノーベル賞をもらいたい、と書く友だちのなかで、彼女は「幸せな家族」と書きました。先生はそれを読んでいぶかしげな顔をしましたが、どう考えても彼女にはそれしかありませんでした。

母の母をやめて、母の娘になる

Ｆ子さんは、幼いころから布団のなかで震えながら一、二、三……と数えて、いくつになったらあの父の暴力が止まるのか待ちつづけていました。グループでは、「眠ると、お母さんがお父さんに殺されてしまうから、眠らないように何度もほっぺたをつねっていたんです」と泣きながら語りました。だから彼女にとって母は救わなければならない人であり、あの母親がいるから自分もいるんだ、と考えてきたのです。

上京した母が、実家に戻るとき、視界から消えていくその姿を見送りながら、いつもその「せつなさ」で胸がつぶれそうになりました。自分が救わなければならないのに、あの父のもとに帰してしまっていいのだろうか、父親は母を苦しめたひどい男性で、そんな父といまだに夫婦をやっている母は不幸そのものだ。そんな母を放って結婚してしまった自分はなんてひどい娘なんだろう、今でもそんな思いで胸がつぶれそうになるのです。せつなさと同時に自分を責める気持ちが起きてきて、その夜は眠れないのが常でした。

でも、Ｅ子さんと同じように、母へのイメージが少しずつ変化しました。たしかに父の暴力はひどかったし、今なら警察沙汰になってもいいような流血を繰り返していたのですから。それが子どもにどんな影響をもたらすかも当時はわかっていませんでした。母の不幸、母の被害はどれだけ強調してもしすぎることはないでしょう。でもそれはＦ子さんの責任だったのでしょうか。娘が救わなければ母は死んでしまったのでしょうか。

ACGⅡに参加することでイメージが組み替えられるとしたら、子どもにとっての責任はどこまでなのかを理解することによって起きるでしょう。

つまり、母の不幸は子どものせいではないということです。多くの子どもたちは、世界の中心を担う母が崩壊すること、母が不幸のあまり消えてしまうことを心から恐れています。だからこそ、本書に登場する女性たちは、誰もが母の不幸を恐れ、それを支えるしかないと思うのです。自分が生き延びるために、母を支えるのです。

本来、この世に子どもを産み落とした親が、子どもを支えなければなりません。子どもが不安で恐れていれば、それを解消し子どもを支えて安心させるのが親の役割でしょう。しかし、親（特に母親）が殴られ、不安で、不幸でいた場合、子どもが親を支えることで、壊れないように、親が死んでしまわないようにします。これは親子の逆転ではないでしょうか。

言い換えれば一種の倒錯が生じていることになります。ACとは、親子の役割逆転が生じていることを表します。

そのことを理解し、母の不幸に自分は責任がないこと、むしろ不幸のままでいて娘を支え手として利用してきたその支配性において、母には責任があること。そうとらえ直す必要があります。彼女たちは、母の母ではないのです。母の娘なのですから。

沈んだ記憶

グループで繰り返し幼いころの自分を語り、涙を流すF子さんに不思議なことが起こりました。

ある日、犬の散歩に行きました。そのとき、道路に落ちている石ころを見た瞬間に、もつれた糸がピンと一本の線になるように、ある情景を思い出しました。ひとり芝居をしながら下校していた生まれ故郷には、澄んだ川が流れていました。その河原で夕日を浴びて、友だちといっしょに川面に石を投げて水切りをしていた自分の姿を思い出したのです。歓声を上げながら、水切りに興じていた自分がいたこと、苦しいことばかりの少女期だったと思っていたのに、あんなに楽しく笑っている自分もいたこと、それも事実だったのだと気づいたのです。それらの情景に支えられて、自分が今生きていられることを発見する思いでした。

記憶を錘にたとえてみましょう。自分を秤だとすれば、錘で秤が壊れてしまったらこまります。だから壊れそうなほど重い錘は、秤に載せないようにしているのです。

私たちは、生きるように、生き延びるようにつくられているのだと思います。記憶のなかで、自分が壊れそうな記憶は、すべて忘却、あるいは否認されることで記憶の底に沈んでいるのです。

それを凍結と呼ぶこともできます。凍りついたままで保存された記憶と言う場合もあります。でも私は、沈んだ記憶という表現のほうが好きです。

重さに耐えられるように秤が強度を増す、もしくは壊れそうになったら助けてくれる人がそばにいる、と思ったとき、沈んだ記憶が浮かんでくるのではないでしょうか。底に沈んでいても無くなるわけではありませんから。

新しいことを思い出すということは、その人がその記憶に耐えられるようになったことの証明なのです。それを強くなったと解釈するよりも、記憶が底から浮かび上がっても大丈夫になるほど支えられ、周囲からケアされるようになったからではないでしょうか。安心感が増すと、そのようなことは起こります。

　F子さんの場合は、両親の記憶の陰で、あの楽しかった記憶もまた沈んでいたのです。グループで親のことが、親の記憶が整理されて話されることで、楽しい記憶も突然思い出されたということでしょう。楽しかった自分の記憶がストーリーのなかに入れなかったほど、親のストーリーは巨大で堅牢なものだったことを表しています。

　楽しかった記憶を思い出す、そんなフラッシュバックもあることを、F子さんの話は気づかせてくれました。

正論の母

　父が公務員で全国各地を点々と転勤するなかで育ったG子さんは、短いときで二年、長くても五年で転校しなければなりませんでした。それは友人関係にも影響し、決して親密にならないようにしてきました。そうしないと別れるのがつらかったからです。

　父親はきっかり五時半には官舎に戻り、夕食の時間を除いては自室にこもってずっと机に向かっていました。資格試験を受け、新たな資格を取るのが趣味だったのです。小学生の彼女が「夕ごはんよ」と父の部屋に行くと、いつも背中を向けて難しい本を読んでいる父が「うん」とうなずくのです。そのときが唯一の父との会話でした。夕食時も晩酌をするわけでもなく、黙々と家族で食事をします。テレビも、母の方針で家にはおいてありませんでした。三人が沈黙のまま、茶碗と箸を使う音だけの時間が、G子さんにとっての夕食でした。

　父のもうひとつの趣味は、公務員の限られた給料のなかから毎月貯金をし、ローンでマンションを購入することでした。ローン返済が終わると、それを担保に次のマンションを買うという繰り返しでした。

酒もギャンブルもやらない父親の、唯一の生きがいだったのかもしれません。結局そんなマンションにＧ子さんは住んだこともなかったのです。母はずっと父に何も文句を言わず家計のやりくりをしました。

彼女は母の言うことをよく聞いて勉強をし、第一志望の大学を出て金融関係の会社に就職します。整った顔立ちですが、これまで異性とつきあったことはありません。

彼女が自分で〝つまずき〟を意識したのは就職してからです。それまでは勉強をしていればよかったのですが、会社に入ると何が基準になるのか、生活をどのように組み立てていけばいいのか、まったく見当がつきませんでした。Ｇ子さんも親も、その会社に入ることはゴールでしたが、その後は何もレールがなくなってしまいました。どのように職場の人とつきあえばいいのか、何を話せば周囲が受け止めてくれるのか、ウケをねらった話など経験もなくひたすら周囲に合わせているばかりです。

そのうちにパソコンに向かっていると冷や汗が出るようになり、それを知られないようにと思うと今度は指が震えるようになりました。

産業医を受診して、投薬され、一ヵ月間休職をすることになりました。診断名ははっきりしませんでしたが「パニック障害に近いですね」とのこと。

Ｇ子さんはなにもピッタリくる気がしませんでしたが、帰りに立ち寄った書店でＡＣという言葉に出会って、初めて自分のことを表現する言葉だと感じたのでした。

彼女の家に何か問題があったのでしょうか。父は暴力はふるいません、アルコールも飲みません、母は倹約に励み夫の転勤に文句も言わず従う妻でした。子どもにも教育熱心でした。何も問題などありません。しかし、ここで「どんな問題があったか」ではなく、「何がなかったか」へと視点を変えて見てみましょう。

いたずらに将来に向けて勉強と財テクに励む父、それに従い無駄なお金を使わず教育熱心な母、そこには「将来のために、今はがまんする」「それが正しい、そうすべき」だけがありましたが、今、ここにいる子どもが「今、楽しい思いをする」「今、安心できる」という情緒・感情は二の次、三の次でした。子どもの感情を共有する、子どもの情緒に関心をもつことなど、なかったのです。

不思議なことに、そのころの家族の状況を私に伝えるときのG子さんの口調も、モノトーンで、抑揚もないのです。表情までも、能面のように変わっていくのでした。

「母の言うことはいつも正しいので、私には反論できませんでした。正しいことが行なわれるだけで、そこからはみ出るものはなかったし、許してもらえなかったのです」

「お小遣いも友だちよりずっと少なかったんですが、母が贅沢できない理由を延々と説明するので、私は納得せざるをえませんでした」

父と母の関係についてはこう語ります。

「あんな夫婦を見ていると、なんのための人生か、といつも思ってしまいます。会話もないし、笑いもないし……。形があればそれでいいんでしょう、あの人たち」

G子さんの母方祖父はアルコール依存症でした。飲むだけではなく、ギャンブルで一晩で信じられない額のお金を使ってしまうのでした。祖母は母を連れて家出をします。苦労しながら母を育てた祖母の口癖は「公務員と結婚するかあんたが公務員になりなさい。国が守ってくれるんだから」だったのです。彼女の母はその通りに公務員の父と結婚し、とにかく必死で家庭を維持することだけを第一に考えたのです。形さえあれば、そして正しいことをやっていれば……というのが、母親の唯一の信念でした。

G子さんは、カウンセリングを通して、母親の人生に初めて思いを馳せることができたのです。ひょっとして、母も祖母の必死の人生を支えるために、自分の感情・情緒などをどこかに置き忘れてきた人だったのかもしれないと思いました。

カウンセリングを通して大きな気づきを得た彼女は、親と別居をして独立した生活を始めようとしています。「両親の生活に口をはさむ気はない」と言いながら。

苦労して家族のために尽くし、子どもの教育に全力を注ぎ、おしゃれもせず、夫の暴言にも耐える。おそらくそれは、彼女の母が考えたことではなく、家族を維持するのは女性（妻・母）であること、という家族像が根底になっているのです。

夫は外で生活費を稼ぎ、家族を守るのは妻である。家族のなかで夫はどんなことをしても許され、妻はそれに耐えて「大きな子ども」としてそれを許容するものだ。こんな古色蒼然とした、明治以来変わらない家族像は、二一世紀になっても変わらないどころか、もっと巧妙に形を変えて残りつづけています。

Ｇ子さんの母個人の問題ではなく、このようなあるべき妻（母）の像が「正論の母」の根拠になっているのです。

第7章
「家族愛」を問い直す

1　問われるのはやはり、家族における男性

世代間の密着とは

祖母と父と「私」の関係で傷ついた体験を話してくれた女性がいます。祖母は孫である「私」をとてもかわいがっているとずっと思っていました。幼いころからそのことを信じてきました。父も「私」を、ひとり娘としてかわいがっていました。

父は何を言っても笑っているので、彼女は好き放題のことを言い非難することもありました。ところがある日、祖母は真顔で、「私の息子にそんな言い方をしないで」と言ったのです。その怖い表情を今でも思い出せます。私はびっくりして黙りこくってしまい、思わず父の顔を見ました。ところが父は、そんな祖母になんの反論もしませんでした。

なぜその瞬間のことをこんなにはっきりと覚えているのでしょう。そのとき、たぶん「私」は、父からも祖母からも守られない、拒絶されたと思ったのでしょう。それは傷つきだったのです。

この「私」の傷つきはどうして生まれたのでしょうか。祖母は孫である「私」との関係より、父との母子関係を優先させました。そして父もまた、娘である「私」との関係より祖母との母子関係を優先させたのです。

もっと言うなら、父は娘を守るよりも、母の息子である自分のほうを優先し、母に従うことで娘である「私」を捨てたのです。主役は父という男性であり、彼が息子であることより、自らがこの世に送り

出した娘のほうを優先するべきだったのでしょう。

同じようなことは、嫁姑関係にも言えます。字を見て明らかなように、これは日本の江戸時代からのドラマの定番のテーマにもなっており、女同士の闘いであるかのように誤解されています。でもこの主役は息子（妻の夫）なのです。息子の結婚相手である嫁よりも、姑である自分との関係を優先させるように仕向ける。それに異議を唱える嫁をいじめぬく、というドラマを中断させられるのは、息子である男性だからです。

息子や娘から暴力をふるわれている母からの相談は多いのですが、なぜカウンセリングに彼女たちがやってくるかといえば、夫が全然妻を守ってくれないからです。

息子から暴力を受けている妻を見て見ぬふりをして、洗面所でひげを剃っている夫。朝から荒れて食器をすべて割ってしまう息子に何も言わずに、テニスのラケットをもって練習に出かける夫。

多くの女性たちは、そのような夫に腹を立てながらもそんなものかと思っています。そして奇妙なことに、彼女たちは、いちばん自分のことをわかってくれるのは、暴力をふるう息子だと考えたりしているのです。苦しみながらも、母たちは夫よりも、暴力・摂食障害・不登校・引きこもりの息子（娘）が誰よりも気持ちが通じ合えると考えています。

これらを、まとめれば世代間の密着と呼ぶことができます。システム家族論では「世代境界の侵犯」とも言います。

家族をひとつのシステムとしてとらえれば、夫婦（夫と妻）というサブシステム、子ども（兄弟・姉妹）というサブシステムがそのなかに存在します。これはそのまま世代を表しています。三世代同居であれば、祖父母というサブシステムも加わるでしょう。

家族療法でしばしば用いられるこの理論は、家族システムを根幹から支えるのは夫婦サブシステムという考えから成り立っています。この点が、ヨーロッパ的であり、近代家族的であると言われる理由でしょう。夫婦あっての家族、夫婦の愛がなければ家族は壊れる、という考え方です。

そうなると、先に述べたような例がなぜ問題かわかるでしょう。いずれも、夫婦よりも、親子優先であることがわかります。結婚して妻がいるのに、相変わらず母に対してノーと言えない男性。母と妻との間に挟まれると、最後は母について妻を捨てる男性。これらは、世代間の境界を犯していることになります。

また日本の男性の多くは、企業（会社）と結婚したかのように、家族を二の次にします。「うちの会社」と呼ぶなんて、その表れでしょう。

息子が不登校から暴力をふるうようになると、「会社が忙しい」と言って帰らなくなる。転勤で単身赴任になると月一回しか戻らない、妻が訴えても言葉が理解できない顔をする、「もっと理論的に説明しろ」と言う。そもそも混迷のなかで起きている家族の問題が、理論的に説明できるはずなどないにもかかわらず、です。

結果的に、母は父との関係をあきらめるようになります。守ってくれるどころか我関せずの態度をとり、都合のいいときだけヒーローのように「どれだけ頑張って働いてきたか」と演説する。暴力から逃げるときはさっさと自分だけ車に乗ってしまう。

こう書くとキリがないほど多くの夫の姿を、カウンセリングで聞かされてきました。いずれも彼らには、「これが夫の責任だ、父の責任だ」というものがまったくないことを表しています。仕事の責任はあっても、家族のなかでの責任は解除されているかのようです。

子どもとの関係を最優先する日本

世代境界が侵犯されると何が問題になるのでしょうか。

言い換えると両親の夫婦関係が実質壊れてしまうことで、世代境界の侵犯が起きます。たとえは不適切かもしれませんが、親が北朝鮮と韓国のように分断されてしまえば、双方ともに外部とつながって生き延びるしかなくなるでしょう。北朝鮮と中国、韓国とアメリカというように。

家族においては、両親の関係が希薄化、グダグダ化、崩壊を呈すると、子どもが両親のいずれか（たいていは母）と密着した関係を築き、親子なのに夫婦であるかのような責任を背負ってしまうからです。

本書で繰り返し述べてきた、母を支える娘、親子の役割逆転も、同じことを表現していますし、そもそもACの三類型もそこから生じていると思います。

子どもが親を支える、責任を背負うことの残酷さは、すでにおわかりになっていただけたと思います。多くのメンタル的な問題も、そこから生じていると思われます。

日本でも、表向きはこのように家族システムをとらえています。夫婦あっての家族だと。しかし、究極的には「血は水より濃い」というたとえのように、子どもとの関係を最優先する風潮は日本ではますます強まっている気がします。

認知症になると、誰よりも早く配偶者の顔を忘れると言った介護者もいます。また一〇年前の東日本大震災の後しばらく、公共広告機構が流した映像は、夫婦の絆をうたったものはほとんどなく、多くは若者が老人を支える、母が子をいつくしむ、といったものばかりでした。それを見て、つくづく、日本は親子関係で支えられている国なのだ、と痛感させられました。

世代間境界の問題は、夫婦の関係の重要性を訴えているのです。その理由は、本書すべてを使って訴えていることに重なります。親（なかでも母）は夫婦仲良く、支えられ支える関係を子どもに見せていなければならないからです。なぜなら、子どもは母の不幸、母の不全感を背負い、自分が悪いのではないか、自分がそうさせたのではないかと思うからです。

子どもを幸せにするには、母が父から支えられていること、そしてある程度満たされて生きていることが、いちばん根底にある条件なのです。

2　偽装する母／占有する父

本当の家族愛～「愛情」という言葉の危険

ＡＣの人たちのカウンセリングに関わっていると、確信させられることがあります。それは「『愛情』という言葉は危険だ」ということです。これまで述べてきたように、共依存は、愛情という名による支配でした。愛情という言葉で、支配される苦しみを表現することや、怒りなどは封殺されるのです。

コントロール・ドラマ（支配する・される関係に満ちた家族のドラマ）を正当化する最後の切り札は、「愛情」という言葉でした。だから私たちは「愛情」という言葉には気をつけなければいけません。

子どもの問題では、「お母さんの愛情が足りなかったんですね」と専門家は必ず言います。そうして母親のせいにし、母親の反論を封殺するときも、「愛情」という言葉が切り札として使われています。専門家や医者も、コントロールの手段としてこの言葉を使ってきたのです。

ですから今いちど、この「愛情」という言葉、そして「家族愛」という言葉を危険なものとして、要注意の言葉として再考したいと思います。

それでは愛情とは何なのでしょう。家族愛、特に親から子への愛について、私は二点を挙げたいと思います。

それはまず親が子に関心をもつことです。

今の家族で子どもの成績、健康、身長に関心をもっている親は、ごまんといます。しかし子どもが何に苦しんでいるのか、何を望んでいるのかに関心を注ぐ親は、おそろしく少ないのではないでしょうか。子どもの現在にきちんと関心を向けているかどうかを、親は自分に問いかけてみましょう。

もうひとつは、子どもを守ることのできる親である、ということです。

いざとなれば、常識、世間体に歯向かってでも子どもを守れるかどうかです。これは家族が世間と同化するか、それとも安全基地になれるかを表しています。

二児の母で、夫の暴力に耐えかね実家に逃げ帰った三五歳の娘に対し、毎日毎日「子どもがかわいそうだ」「世間に顔むけができない」と攻撃をつづけ、夫のもとに帰るように説得する親がいます。愛する娘が、夫との結婚生活に耐えかねているとき、なぜその親は娘の味方をしないで世間体をふりかざし、常識に従えと娘を責めるのでしょう。

子どもが「苦しい」というとき、その子どもを守れない親とは何なのでしょうか。動物でも親は子を危機なときに守ります。親が子どもを守れなくて、誰が守ってくれるのでしょうか。

そのような親の態度は「厳しさ」であり、それこそが「愛情」だと誤解されています。ただ親が自分たちを世間から守りたいだけなのに、です。

私はほとんどカウンセリングで「愛情」という言葉を使いません。実感できない言葉は使えないのです。そして「愛情」という言葉を使ったとたん、世間と同化し力関係が渦巻いてしまうような、そんな危機感に襲われるからなのです。

母と娘と共依存

テレビでは毎日のように子どもの虐待死を報道しています。その加害者の半数以上が実母であることは、子どもを産み育ていつくしむ母性が自明であるという時代の終わりを告げているのです。いくら政府主導で「授乳のときにはお母さんは子どもの目を見てあげましょう」とスローガンを掲げても、現在育児中の母親には反発されるばかりでしょう。

日本的母性の研究はそれほど多くありませんが、山村賢明氏は、日本人が漠然と抱いている「母性」観を四つに分類しています。①子を生きがいとする母（苦労する母）、②罪意識としての母、③支え（救い）としての母、④動機のなかの母（駆り立てる母）、です（『日本人と母――文化としての母の観念についての研究』東洋館出版社、一九七一年）。

①と④は、カウンセリングにおいてしばしば登場するなじみ深い「母性」観です。「お前さえ生まれてなければ」「お前のためにここまで苦労してきた」「ママはね、ずっとミチルのためだけに生きてきたのよ」と、言われつづけてきた人は多いのですが、これは①の「母性」です。一方、「とにかく自分のやりたいことをやるのよ」「ママはどこまでも応援するからね」「お前だけが生きがいなんだよ」「私みたいな人生だけは送らないでね」といった言葉は、自分を担保として子どもを駆り立てる、④の「母性」です。

ここで、もうひとつの母の姿を描きたいのです。それは、娘や息子を自分の保護者に仕立て上げる母です。子どものポジションを奪い、被保護者となる母によって、親子の役割逆転が起こります。

「ママ」と呼ばれた娘

五〇歳になるA子さんは、小学校の四年生になったころから、母親から「ママ」と呼ばれるようになりました。

A子さんは、開業医だった父が母に暴力をふるう光景を日常的に見て育ちました。おまけに父は女性関係が絶えず、母はそのことを仔細にA子さんに語って聞かせるのが日課でした。A子さんは、「性にまつわるさまざまな秘事を、物心ついたころからすべて知っていたような気がする」と言います。

忙しい母は、家事をほとんど娘にまかせ、それがあたり前のように暮らしていました。クリニックの保険点数の計算などで忙殺されていた母は、お手伝いさんにまかせるのはごく一部で、他人は信用できないからママに頼むわと言って、小学生のA子さんに炊事をさせたのです。

A子さんは当時それほど多くなかったアトピーがひどく、乳製品を食べることができませんでした。ところが、母親はそのことをいつも忘れてしまい、生クリームのケーキを食べない娘を贅沢だと叱ったのです。中学校に入ってからは、弟たちは塾に行かされるのに、「ママはだいじょうぶね、しっかりしてるから」と、A子さんはまるで母のお手伝いさんのように、家事をさせられました。

また、奇妙な習慣ですが、A子さんは両親のベッドの間で寝かされていたと言います。広いダブルベッドの真ん中に眠る習慣は、親から愛されていることの確認材料として使われたわけですが、実際は父親からふくらみ始めた乳房を触られることもあったといいます。思い返せば理解できない行為でしたが、当時はそれが当たり前と思っていたのです。しかし、母によって父からの防波堤に使われていたのだと、最近やっと気づきました。

高校に入ってからは、さすがに自分の部屋を与えられたものの、母親の気分しだいで、買い物や話し相手に深夜まで付き合わされる日々でした。大学はA子さんの志望学部は許可されず、クリニックの経理をまかせるために経済学部に行かされそうになったのですが、それだけはいやだと生まれて初めてA子さんは自己主張をして、法学部に進学しました。

結婚も母親の知人の紹介で見合いをし、ふたりの子どもをもうけます。父は、ふたり目の孫が誕生するのを見ずに、脳梗塞で急死します。ひとりになった母は日増しに元気になるようで、着る洋服もどんどん派手になりました。オペラ鑑賞の際は、カルメン調の深紅のロングドレス、といった具合に。

八五歳になった今も母親は元気で、年に二回は豪勢な海外旅行を繰り返し、父の遺産で、A子さんの家から歩いて三分のところに家を建ててひとりで住んでいるのです。A子さんの日課は、犬の散歩の途中で母の家に立ち寄り、掃除などの家事を済ませることです。休日には、母親を招待して一家でもてなすようにしています。そうしないと、いつ母親が「ママが冷たい」と言って責めるかわからないからです。ふたりの子どもは、A子さんをママと呼びません。その呼称は祖母から母への独占物であることを幼少時から知っているからです。

A子さんは、中学入学と同時に摂食障害の一種であるチューイング（食べ物を噛んで吐き出す）の習慣が始まります。しかし、日常生活がそれで脅かされることはなく、むしろA子さんにとってひそかな楽しみだったのです。五〇歳を過ぎようとする現在までチューイングはつづいているのですが、母親はA子さんの摂食障害など知るはずもありません。ときにA子さんが過労で倒れると、おろおろして一切寄りつかなくなるどころか、突然携帯に電話をしてきて、どうしてそんなに無理をするのかと、病気になったことを叱責するのです。そして元気を回復したころをみはからって「ママにプレゼントを買ってきたの」と明るい顔でケーキを買ってくるのです。それも、A子さんが食べられないチーズケーキを。

偽装された関係

私は、A子さんの母が特殊だとは思わないのです。類似の例を書けばきりがないほどです。いくつかのバリエーションがあるのですが、夫に苦労した母ほど無邪気なまでに娘を保護者の立場へと追いやるのです。「ママ」という呼称は、母親のあまりにわかりやすい位置取りの表現です。

おそらく、DVという言葉もない時代に、夫の暴力と浮気の日常に対処するひとつの方法が、夫を「大きな息子」と子ども扱いすることだったのです。過去形で書きましたが、現在でもカウンセリングにやってくる女性たちの多くが、夫の行状（暴力、浪費、浮気など）を耐えてやり過ごすために、「夫を三番目の息子と思うことにしました」「男の人って、なんて幼稚なんでしょうね」と、夫を子どもの位置に、自分を母親の位置に立たせるのです。

近代文学の登場人物の男性像が、多く「やりたい放題の子ども」として描かれていることとも無関係ではないでしょう。一般的に男性の「子どもの座の占有」は、広く社会的に容認されています。結婚した多くの女性も、不承不承それに慣らされていくのです。そしてそのためには、子どもである夫を支配し所有したという幻想が不可欠になります。

妻たちは夫の母にさせられると同時に、子どもの母でもあると信じられてきたわけですが、それはどうも嘘かもしれない。そんな「母」などいるでしょうか。リリー・フランキーの『東京タワー――オカンとボクと、時々、オトン』（扶桑社、二〇〇五年）に登場する母は、作者によって聖化されているとしか思えません。

彼女たちは、夫婦関係を母子関係に擬す（夫は大きな子ども）一方で、母子関係を逆転させて、自分を子どもの位置に置く（娘を母に仕立てる）という関係の偽装を行なうのです。夫に吸い尽くされたケアを、子どもから取り戻そうとするかのように、母は娘からケアを貪るわけです。A子さんの母は、「ママ」に愚痴を聞いてもらい、慰めてもらい、身辺を整えてもらうことで満たされるのです。子どもからの無償のケアを吸い尽くしたと言ってもいいでしょう。世間的には立派な母でいながら、実際の関係では娘を保護者に仕立てること、これを関係の偽装と呼びたいと思います。

権力の強大さは子＜母＜父の順に序列化されていますが、役割の偽装は子＜母＜その母と序列化されています。注目すべきは、このなかに父が不在であることです。これを仕組み操作するのは中心にいる母です。

役割の偽装は、子どもになることで多くの権利が保障されるので生まれます。たとえば、保護されケアされる権利です。それはA子さんの母のように「ママ、ごめんね」と擦り寄る、無邪気さを装ったイノセンスを承認される権利です。もちろん、夫である男性は、アルコール依存症の例を見るまでもなく、好き放題の限りを尽くした後で「ボクちゃんが悪かった、ママ、許して」とばかりに妻に対してイノセンスの承認をせまるのですが。

子どもの座を奪った母は、それによって被るデメリットは巧妙に避けます。都合の悪いときは親の顔をし、娘を子どもとして叱責することは言うまでもありません。

A子さんの母のように子どもっぽく保護される人もいれば、もっとマゾヒスティックに保護を要求する母もいます。先に述べた山村賢明による分類の①苦労する母、とつながっています。苦しんできたことをことさら娘に訴え、罪責感を抱かせ、結果的に母の保護者になるべきだと自発的に思わせるのです。報われケアされることのない夫婦関係に代わって、ケアと保護を娘から奪取する。不幸を見せつける度合いに比例して娘からのケアが強化されるので、不幸が増せば増すほど保護されることになるわけです。いわば失うものがないほどの弱者に残された、たったひとつの生き延びる戦略として、娘を保護者に仕立てる偽装が行われるのです。

では彼女たちは、自覚的戦略として偽装を行なっているのでしょうか。長じたA子さんは、いちどだけ母親にそのことを詰問したことがあるのです。母親は心からびっくりした顔をして、こう言ったのです。「ママの考え方は歪んでるわよ、物事をそんなに悪意に取るようになったのも、結婚相手のせいじゃないの？」と。

その後二度とA子さんは、その話題を母親に対して口にすることはなかったと言います。

黄色いインコ

母たちによる偽装は、おそらくひとつのサバイバルとして行なわれています。生き残りの戦略は、しばしば無意識的であり自覚されることはありません。だからといって、それが正当化されるのでしょうか。生き残りのために他者に強制し、苦しめることなど、私たちに許されてはいないと思います。

母親たちの無自覚さは、相手が自分の子どもだから生まれています。自分の生んだ子どもだから、何をしても許される、なぜならこの子は私がいないと生きていけないだろうから、と。親である自分が絶対的権力を握っている確信があるから、彼女たちは子どもを保護者とし、ケアを（それも自発的に）供給するように無自覚に強要するのです。

子どもである夫と母としての妻という構図は、アルコール依存症の夫婦を例にするとよく見えてきます。アルコール依存症者の妻たちが、夫をケアし保護することで、かえって夫の回復を阻害してしまうこと、これがそもそもの共依存の語源でした。夫をケアし保護することが、まるで夫に依存しているかのように見えたので、嗜癖者（依存症者）に依存する「共依存」と命名されたわけです。しかし彼女たちは果たして夫に依存していたのでしょうか。むしろ、彼女たちは夫に依存しているというより、夫をケアし支配する快感を得、子ども扱いすることで所有欲を満たされているのではないでしょうか。

では、子どもになった母と保護者にさせられた娘の関係はどうでしょうか。保護者にさせられた娘に、果たして快感と満足感は生じているのでしょうか。

A子さんは、摂食障害の症状を抱えて思春期以降を生きてきたのです。それが彼女にとって唯一の母に対する抵抗、母からの耐えざるケア要求に対抗するアジール（聖域）だったことを、五〇歳を過ぎてカウンセリングを経て自覚しました。自室やトイレのなかで、こっそりお菓子や食パンを噛み、ビニール袋に食べかすを入れてこっそり捨てること。隠された、どこかグロテスクで物悲しい習慣だけが、彼女を救ったのです。

では、子ども時代のA子さんは、誰からケアされ保護されたのでしょう。私からのこの質問に、しばし沈黙した後、A子さんは遠い目をして答えました――「インコですかねえ」。父親の趣味で、いつも居間につづく廊下には黄色のインコが飼われていて、少し言葉を話せたので、ひとりになるとインコと話をしていたんです、と。

3　近代家族、その負の遺産

共依存という言葉を巡って

A子さんとその母親のふたりは、しかし離れることはないでしょう。では、その関係を共依存と呼ぶのでしょうか。第2章でも述べましたが、わたしはそんな安易な命名をしたくはないのです。

共依存という語はもともと草の根的に生まれたために、曖昧に用いられてきた経緯があります。一九七〇年代後半からさまざまに論じられてきましたが、しだいに概念の拡散化が見られるようになりました。

共依存という言葉が生まれた七〇年代末といえば、ベトナム戦争の戦後処理がアメリカ経済を逼迫させていた時代です。八〇年にはアメリカ精神医学会（APA）による『精神疾患の診断・統計マニュアル』第三版DSM-3が作成され、アメリカにおける精神医学の方向が大きく転換したことも特記されるべきでしょう。レーガン大統領によるレーガノミクスが「小さな政府」と「強いアメリカ」を打ち出した時代とも重なります。この時代に強調されたのが、インディペンデントな個人の努力です。大々的な構造改革とともに負の言葉（病理）として共依存という語が広がったことは、独立と個人主義の強調（依存の忌避）を背景としているのです。

そして、日本で共依存という言葉がインターネットの世界でいっせいに流通し始めた二〇〇四年は、まさに小泉首相の構造改革を時代背景としています。成果が上がらないことは個人の努力が足りず、結果は自己責任に帰すという日本社会の変化と、共依存を負のネーミングとする風潮は、アメリカと同様に重なっているわけです。

共依存から「共」支配へ

色々な人たちが論じることの多い共依存ですが、あらためて強調したいことがあります。共依存は依存ではなく支配なのだ、と。なぜなら、依存することは負の関係ではないからです。巧みに他者に依存し、他者からの依存を受け入れることで、私たちは家族関係や友人関係をより豊かに生きていくことができるでしょう。同じ平面に立って他者にもたれかかることは、楽なことだし、もたれかかられてそれが重ければ、そう伝えてそこから外れればいいのです。共に依存する、依存し合うことは、少しも責められることではないのですから。

しかし、A子さんと母親との関係性は、依存と名づけるにふさわしかったでしょうか。もたれかかり頼ったりする、そんなやわな関係ではなく、目をこらして見れば、奪い奪われるような、生存をかけた関係性に満ちていたことがおわかりいただけるはずです。

腕力にまかせて殴ったり、大声で怒鳴り強制するといった行為ではなく、もっとひそかに、やさしげで、それでいて狡猾な駆け引きが渦巻いているのです。それは依存ではなく、支配と名づけるしかない関係性です。

私は、カウンセリングの経験を生かして、これまで隠蔽されてきた、それどころかケアや愛情という美名のもとに称揚されてきた微細な支配を、できるだけ具体的に描きだそうと努めてきました。共依存というどこかチープな言葉こそが、実は支配という概念の内包をさらに豊かにしてくれるだろうことを信じていたからです。

もともとアルコール依存症者の妻に対する命名だっただけあって、今でも共依存は女性の病理と言ってはばからない専門家もいます。

しかしすでにおわかりのように、男性も同様に、企業や家庭や地域において、微細な上下関係や支配関係を泳ぐ技術なくして生き残れない社会になっているのです。共依存、いや「共」支配は、そのなかを生き延びていくための有効なスキルの集積でもあるわけです。弱者のふりをして支配をする、相手を弱者化することで支配者となる、相手を保護者に仕立ててケアを引き出す、などなど。

隠微でどこか卑怯な香りのするこのような支配を、私は好んでいるわけではありません。しかし、生き残っていくためには、そんなスキルを用いるしかないときもあるでしょう。本書をお読みになった方が、他者を支配するために共依存的になることもあるでしょう。私はそれを責めることはできませんが、むしろ、支配から脱するために、支配しない・されない地平を希求するために、役に立てていただきたいと思います。ケアや愛情という美名の陰に隠れた支配を明らかにすることで、まぎらわしさが少なくなれば幸いです。

少しだけ残念なことに、そんなスキルに長けているのは男性より女性のほうなのです。

それは、彼女たちが明治以来一〇〇年を超える近代家族を生き延びたことでもたらされた、負の遺産なのかもしれないとも思うのです。

第8章

回復に向けて

サイコドラマ

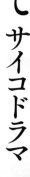

1　サイコドラマの有効性

サイコドラマの原則

サイコドラマは、まず、自分が自分以外の役割をとって演じるということを基本としています。演劇は、演じる人も、観る人も、どちらも深く感動します。それは一種の治療的効果をもたらしますので、演劇は古くから世界中で行なわれてきたのです。サイコドラマはアメリカの精神科医ヤコブ・レビ・モレノ（一八八九～一九七四年）という精神科医が演劇を心理療法に使おうとして創始しました。

それ以降いろいろな流れが生まれましたが、日本で最初にそれを取り入れたのは、外林大作と松村康平でした。松村康平は私の大学院時代の恩師であり、彼のもとでサイコドラマを学びました。

サイコドラマは心理劇と呼ばれますが、これを単なる技法として勉強したわけではありません。サイコドラマの実践は、実にさまざまな応用が可能になります。核（原子力）と同じで、平和利用もできれば、たやすく人を傷つけることもできるわけです。そのために、心理劇を専門家として実践するときには、基本的な倫理や責任を果たすように厳しくトレーニングされました。私自身のカウンセリングの仕事に対する姿勢の根本に、このときの経験が生きていると思います。

大学院時代、研究室では土曜日に心理劇の実践が行なわれていました。それが私の一部となり、今でも生きていると思います。何かの折に私に出会った人が、オーバーな人間だなあと思われたら、それはひとえに私のなかに棲みついている、インナーペアレンツならぬ、インナープロフェッサー（松村康平）

のサイコドラマの影響だと思っていただきたいと思います。

私の個人的体験ですが、サイコドラマを経験することでとても生きやすくなりました。どこにいてもどんな状況でも困らなくなったと言えます。

最初は不安でどうしようかと思っていても、必ずその状況を切り抜けられるという確信を得られたのはとてもよかったと思います。困った状況におちいっても、自分には、その状況をよりよく切り抜けられる力があることを、信じられるようになりました。

またその場にいる人は、どんな人であっても、すべての存在が意味があるということも学びました。その場面に何人いても、誰もがその場面には必要な人なのです。ですから、無視したり関心から外してはいけない、誰かを落としてはいけない、すべての人を位置づけなければいけない、ということです。また心理劇は、「今・ここで・新しく」ということを基本にしています。過去の自分はすべて現在の自分に含まれていますので、現在と未来を見つめるのです。

考えるよりもまず行動すること。準備して、頭のなかでシミュレートして行動するのではなく、動きながら考えること。そのように行動しても少しも怖くはないことが体験できて、大きな勇気をもてました。もともと私は行動的で仕切り屋のところがあったのですが、サイコドラマを勉強して、もっと行動的で出しゃばりになったような気がします。おまけに反応や表情などが大げさ（オーバー）になりました。これらすべてが私をとても生きやすくしてくれたのです。

頭ではわかっている人に有効なサイコドラマ

サイコドラマには次の三通りの目的が考えられます。

①自発性開発中心のもの、②人間関係発展中心のもの、③課題解決中心のものです。

①「自発性開発中心」とは、たとえば元気がない人、疲れてしまっている人などが、自分で何かやってみようとか、楽しんだり行動を起こしたりする力を育てることを目的とするサイコドラマです。高齢者施設の入居者たちと実践すると、楽しく自分で動くことができるようになったりするという実践報告もあります。一〇年前の自分になったり、一〇年後の自分になったり、宇宙の果てに飛んだり……と時間も空間も自在に設定できます。

②「人間関係発展中心」とはどのように母親と話したらいいか、夫と衝突しないように自分の言いたいことを言うにはどうしたらいいのかというような、具体的な人間関係のもち方を考えてみるサイコドラマです。演じてみると自分の「つもり」と現実の行動がずいぶん食いちがっていることが体験的にわかったり、夫の役割をとってみると、その「つらさ」「さみしさ」がわかったりします。

③「課題解決中心」とは、現在自分が抱えている「困ったこと」を解決するためのサイコドラマです。娘が遅く帰ってくるのは、違法薬物を摂取しているせいではないかと疑っている母親が、娘が帰宅したとき、どうやって迎えればいいのか。このようなとても現実的な問題を扱うのです。場面を設定し、娘の役割、母の役割をとる人を決めて演じてもらうのです。そして演じた感想や気づき、観ていた人の感想を述べてもらいます。

このように、話し合いという言葉を中心にした方法ではなく、そこに演じるという行為が加わることで「体験」ができます。頭ではわかっているけれどという人には、とても効果的な方法かもしれません。子どもや若い人は、人間関係が柔軟ですから、参加しやすいですし、とても生き生きと演じることができます。ところが、中高年の、それも男性は、どうも苦手な人が多いようです。

どうしてでしょうか。それは毎日毎日社会のなかで、仕事を中心とした固定的な役割しか演じていないために、それ以外の役割がとれなくなっているのです。また「そんな子どもじみたことをするのは……」という恥ずかしさもあるでしょう。

だからこそ逆に、中高年男性こそ変わらなければならないし、変化する可能性は大きいのではないでしょうか。

中高年世代のための「今・ここで・新しく」

中高年世代のACにとって、なぜサイコドラマが有効なのでしょうか。

参加者二〇人ほどのサイコドラマの場面を例にあげましょう。

アルコール依存症の家族で育った四五歳の男性に、演者として参加してもらいました。監督とのやりとりは次のようなものです。「お母さんとお父さんのどちらかに言いたいことがありますか」「母です」「では、あなたは何歳くらいの子どもになりたいですか」「小五ですから、一一歳です」「小五のあなたになって、お母さんに言いたいことを言ってください」。

「お母さん、あなたには自分の人生を歩んでほしい。僕は疲れたよ。小さいころから、飲んだ父親が荒れると、いつも僕は父からあなたをかばっていたことを覚えている？　そのころ僕が学校でいじめられてどれほどつらかったか知らなかったでしょう。なんで僕がこれを言えなかったかというと、そんなことを言ったらお母さんがもっとつらくなると思ったからだよ。いつもわざと明るい声でうちに帰ってたんだ。自分が支えないと、あなたがこわれてしまうとずっと思ってた。だから、ずっと明るいいい子だったんだよ」

「ずっとお母さんを支えてきたんだよ、それが僕の人生だったたんだ。自分の人生なんてなかったんだ。だからもう僕を自由にしてくれ！　あなたは自分の人生を歩んでほしいんだ」

最後は号泣しながら叫ぶように語りました。

次の場面では、彼の役割を別の参加者が演じ、別の中年男性が子どもを演じ、彼は自分の母親を演じました。彼は泣いている子どもに、

「つらかったのね。ごめんなさい。お母さんちっとも気づかないで……。でももういいのよ。こうやって私も少しずつ自分の人生を歩もうとしてるから。だからもういいの、ありがとう。お母さんはね、ずっとあなたのうしろ姿を、遠くから見守ってるから」

こう言うと、子ども時代の彼を演じた人も、そして彼自身も涙を流しました。

この二〇分あまりのサイコドラマの場面から、演じた彼は何を感じたのでしょうか。小五のときの自分になった感想としては、「生まれて初めて母親に言いたいことが言えました」と述べました。母親役を演じながら語った言葉については、「自分がずっと言ってほしいと思っていたんです。でもこう言われることは、これから先もないと思いますが、とても気持ちがよかったです」と。

直接親に言いたい言葉をぶつけることが不可能な現実であっても、サイコドラマの場面で母親役を演じた人に対して、母に言いたいことが言えたのです。そして、母親の役割をとることで、自分が言ってほしい言葉を口から出すことができました。これはリアルな場面ではありませんが、彼の口から表現できたことは現実（リアル）だったのです。この体験が、彼の現実の生活での行動に自信となってつながっていくでしょう。このような体験を特別な場面の非現実的な体験としないで、できるだけ日常生活とつなげていくことが大切だと思います。定期的に繰り返し、サイコドラマに参加することの必要性がそ

こにあります。

サイコドラマの場面でできたことは、現実の生活でもできる可能性があります。演じてみると、頭で考えていたこととは違う新しい体験が得られます。現実の自分の役割は決まっているわけですから（男、父、夫など）、それ以外の役割をとると、予想を超える新しい体験ができます。頭で想像していたものとまったく違う体験が得られることも珍しくありません。たとえば夫がアルコール依存症の妻がサイコドラマでアルコール依存症本人の役割を演じることで、飲んでいる本人の孤独が理解できることもあります。

サイコドラマは過去に戻るのではありません。過去をそのまま再現はできないからです。サイコドラマの基本は「今・ここで・新しく」の三つです。先の例の男性は、今ここで新しく小五の男の子を演じたのです。

サイコドラマは親との関係を整理するためにも有効ですが、いやだと思いながらも身につけてしまった習慣や、先に述べたＡＣの三類型に見られるような対人関係のパターンを変えていくのに特に有効だと思われます。

2　演技こそ家族を延命させる

「ふだん」を意識化して、次の行動に生かしてゆく

ある時間空間を区切って、ある場面を設定する。家族の場面で、男の人には妻、女の人には夫の役割

をとってもらう。子どもには親を、親である人たちには子どもの役割を演じてもらう。このように現実的には経験できるはずもない立場を演じることで、ふだんまったく見えないことが見えてくるという新鮮な体験ができます。

特に効果があるのは、自分がいちばん気になっている人や自分と対立関係にある人の役割をとって演じることです。たとえばアルコール依存症のお父さんの役割を演じてみると、それにより、お父さんはこんなさみしいものなのかということがわかったり、また子どもになってみると、お父さんとお母さんが子どもとどんな気持ちで接しているかがわかったりするものなのです。

これらはすべて即興で、脚本もルールもありません。

サイコドラマは必ずしも、自分がふだん見ている父や母を演じるとは限りません。「私は（あえて）とてもやさしいお母さんをやってみたい」という人もいます。「お母さんにこういうふうにされたいから、そんなお母さんをやってみたい」という人もいます。

ただし、やりたいと思っていても「こうするつもり」の通りに実現するわけではありません。それは、その場面での他の人との関係でどんどん変わってしまいます。私たちはそれを「思った通りにできなかった」とマイナスに考えるのでなく、変わったことをプラスに評価します。変わることはいいことなのですから。

サイコドラマでは、ドラマを展開していくうちにどんどん変わっていってしまいます。ほとんど、自分が予測していたのと違う展開となってしまいます。この変わるのが楽しいことであり、予測不可能な展開がおもしろいと思います。

ふだん自分はこうだと思ったら、そうじゃない自分を実際にやってみる。いちどでいいからこういうことをやってみたかったということをやってみて、周囲がちっともそれでも破壊されないということを経験してみる。それが劇という仮の場面の素晴らしいところです。それは即興劇ですから、すべて嘘だと言えます。でも嘘のよさとは、すべてが「仮に」なることです。仮想現実とも言えます。でも半分は現実です。現実の自分が演じているわけですし、目の前には生身の人間が存在しています。演劇と違うのは、その役割になりきることはできないことを前提としている点です。それに、なりきる必要もないのです。今の自分がその役割に没頭せずに、意識的に演じることに意味があるのです。嘘だから修正可能だし、やり直しがきくという素晴らしさがあります。私たちが生きている現実は、やり直しがききません。そういう場面を経験しながら、自分の対人関係をやり直しながら少しずつ修正していくといいと思います。

サイコドラマでは、意識的に演じることから、自分の対人関係のもち方を自覚することができます。ふだんとは違う行動をしてみる。言えないことを言って、やさしく語りかけてみる。仮の場面でできたことは、仮ではありますが、今ここで起きたことですから、現実にできる可能性があるのです。

男が女を演じたり、女が男を演じたりもできるのです。これはとても楽しいことでもあり、反対に、「お父さん、なんで私にあんなことを言ったの」と怒る人もいます。その人に父親を演じてもらうと「親ってものはそういうものだ」と言うかもしれないし、「そんなことを言ったつもりはないけど、ごめんね」と言うかもしれません。こうして親に怒ったり、親になって子どもに謝ることもできます。

また、一方では、サイコドラマを見ている人（観客）もいます。それは、仮ではありますが、たしかに目の前で演じられていれば、その人もまた見ることで参加していることになります。サイコドラマはその場で終わりますが、現実は終わりません。しかし、そんな架空の劇が繰り返されることで、人生にはやり直しがきくこと、できないと思っていたことができるかもしれないこと、自分の人間関係が変えられることを、それぞれが知っていくのです。

自分の感情を出すためにサイコドラマをやるという人もいますが、私たちの場合はそれに加えて、自分で自分を見つめたり、演じながら考えるという意識的な面も大切にします。役割に没入したり、なりきる必要はないのです。

たとえば、摂食障害の人たちのサイコドラマを例にとりましょう。二〇人の摂食障害の若い女性が集まったとき、親子関係を演じてみます。やりたい人がやるのが原則ですから、「誰かお母さんをやりたい人はいませんか?」と、声をかけ、そしてさまざまな場面を設定して母親の役割と娘の役割を演じてみるのです。その場面が終わった後で全員が感想を述べます。

母親を演じた感想、娘を演じた感想、見ていた感想というように言語化し意識化することは私たちの次の行動に結びついていきます。言葉で体験を確認すること、変化したことを言葉で明らかにすること、このことで私たちはサイコドラマの体験を次の行動に生かしてゆくことができるのです。

家族に演技は必要なもの

人間には多様な役割があります。父親であり、会社員であり、夫であるというその役割には、それぞれ責任が伴っています。それを果たすことが、人間としての成熟のひとつの表れでしょう。

夫が外で働いて家に帰ってきたら、妻が育児に疲れてしまっていて、その愚痴を夫に垂れ流す。疲れてはいるかもしれませんが、夫として、父として、それを聞いてやる必要があると思ったらきちんと聞いてあげなければなりません。私たちが結婚し、子どもを産むということは、最低三つか四つの役割をこなさなければなりませんが、それは義務でもあります。義務であり責任を伴っている以上、そこには演技をすることが避けられません。夫と妻が、互いの演技性を知っており認めていることが成熟なのだと思います。義務であるのにあたかも子どもには自然にやっているというふうに思わせる必要もあります。

家族が特別ではなく、人間関係のひとつだという視点に立たなければいけません。互いに同意し結婚したとしても、燃えるような感情はすぐに冷めます。子どもが誕生してからは、意識的に演技的にふるまうべきでしょう。アルコール依存症者のいる家族がなぜ問題かというと、飲んだときにその人は理性が麻痺している、つまり演技を忘れて生身になってしまっているからです。そのときどれだけ子どもを傷つけているか。そのことを本人は忘れてしまうことで、さらに子どもは傷つくのです。

役割演技ができる人こそが子どもを産む資格があると思います。家族が人間関係のひとつだとすれば、親子関係や夫婦関係にも役割演技が必要となります。家族で演技をすることは少しも悪いことだと思いません。家族はロールプレイングなのですから。一般的に演技というのはよくないとされ、冷たいとか嘘だと言われがちです。

しかし、そうではないのです。家族を維持するという大変さを思うと、みんなが多かれ少なかれ演技をしなければもたないでしょう。演技をするというのはいいことです。「だましつづけてほしかった」という歌詞がありますが、だましつづけることこそ大切なのです。嘘も方便という意味ではなくて、演技こそが必要になるのです。

徹底して役割演技を遂行することが家族であり、生身の人間同士が憩えるというのは幻想ではないでしょうか。

何よりも要求されるのは「意識的」であることです。親である大人が無条件で憩える場としての家族は、子どもをもうけた瞬間から断念する必要があるでしょう。

ここで付け加えれば、演技を徹底すると、それがしだいに自分そのものになっていくということです。つまり、演技する自分とそうでない自分が見分けがつかなくなるのです。スポーツでも、舞踊でも、練習すると身に付いて日常化することと似ています。

親の舞台から降りる

以上、サイコドラマによって自分の人間関係、親との関係が変わっていく可能性があることがおわかりいただけるでしょう。

サイコドラマを基盤として勉強してきた私は、舞台、主演、助演、観客といったサイコドラマの構成要素という視点からカウンセリングで語られるストーリーを理解することが多いのですが、次の女性はそんなひとりです。

K子さんの母親は身長が一七六センチぐらいあり、とても大きな人でした。足の大きさは今で言うと、二六センチぐらいあったということです。大学の教授である夫の収入が少ないことから、ある私立女子高校の英語の教師をしていました。子どもの目に、ふたりはとても不和でした。会話も少なく、母はいつもお金がないと愚痴をこぼし、夫の研究能力を軽蔑していました。

その子である彼女は、母親の勤める高校に入るようにと義務づけられ、一生懸命勉強し見事合格、その後、大学も第一志望校に合格し、両親の期待通りの人生を歩むことになります。

彼女が学生のころ、父がガンで死亡し、母は教師として女手ひとつで彼女を卒業させます。K子さんはその後、父親の研究室の研究員だった男性と結婚します。

ひとり娘だったK子さんは、郊外のマンションに母も呼び寄せて同居します。しかし、その結婚は必ずしも幸せなものではありませんでした。

四〇代後半のK子さんは、息子の暴力をなんとかしたいという思いからカウンセリングにやってきました。研究者である夫は、もともと毎日飲酒を欠かさなかったのですが、息子の暴力が始まってからは精神科で処方される薬と酒をいっしょに飲むようになりました。帰宅後は、自室に引きこもったまま、息子の怒鳴り声にも我関せずで、トイレ以外は部屋に鍵をかけています。

同居後の母は息子を諌めたり、ときにはK子さんのしつけが悪かったと娘を責めたりしましたが、あるときからずっとテレビを見て何も言わなくなってしまいました。

息子の不登校と自分への暴力、夫の無関心と処方薬依存、母の変貌……これらが重なってK子さんはカウンセリングを求めたのでした。

思い返すと、彼女の両親はお互いをひどく罵倒し合うことはありませんでした。むしろ敬語を使うような距離をとった関係でしたが、決して情緒の通い合いは感じられませんでした。彼女の眼には、他人よりも遠い夫婦、というふうにしか映りませんでした。

あるとき、思い立って家を整理していたら、母にあてた父親のラブレターがたくさん見つかりました。それはそれは熱烈な父親のラブレターを読むうちに、母はこんなにも愛されて望まれて結婚したんだ、ということがわかってきました。

それと同時に湧いてきたのが、母親に対する怒りでした。生まれてからずっと、「愛してもいない男と結婚した」と言いつづけ、夫の死後は「女手ひとつであなたを大学卒業させてやったのよ」というストーリーを注ぎ込んだ母でした。

K子さんは、それを正面から受け止めて、母を支えるのは私しかいないとずっと思ってきたのでした。なのにどうして、という思いが次々と湧き出てきます。

「なんだ、若いときにはこんなにいい思いをしていたんじゃないの。お父さんのことも愛していたんじゃないの」

そんな母親に対して、ものすごく腹が立ってきました。しかし徐々に落ち着きを取り戻し、冷静に考えれば、両親が互いに愛し合っていた時代があったこと、その結果自分が生まれたということに、これまでにない安堵感もおぼえました。

ある日、ずっとテレビばかり見ていた母親が、買い物から帰れなくなり警察に保護されました。そのときの応答から、警察官は駆けつけたK子さんに「お母さん、認知症ではないでしょうか、専門病院を受診されたらどうでしょう」と言ったのです。

七〇代前半の母は、進行が速いタイプの認知症と診断され、あまりの変化にK子さんはついていけませんでした。

要介護度の認定、および介護施設などの手配も始めなければなりませんでした。母は、まだらではありますがある時間だけ意識が清明になるときがありました。そのとき、彼女を呼び、ずっと手放さなかったバッグのなかから小さな包みを取り出して「これを私が死んだら棺のなかに入れて」「絶対に開けないでね」と念を押した母は、まるで予期していたかのようにその半年後脳梗塞で倒れそのまま亡くなってしまったのです。思い切ってK子さんは、葬儀の前に包みを開けました。

そこには、一〇歳年下の男性からの手紙と指輪が入っていました。なんと、母には父の死後、愛人がいたのです。彼女は再び愕然とします。六〇代の母と五〇代の男性の隠された関係……。

一切そんなことに気づかなかった彼女は、仰天するとともにこんなふうにも考えました。私にはいつもグチや苦情、文句しか言わなかった母だったが、そのような人がいたのだ。指輪まで贈ってくれる男性がいたのだ。母は、それを娘の私に隠し、潔癖で不幸な母のドラマを演じていた。なぜなのだろう。もしかして、それは私に対する思いやりだったのかもしれない。でもそれだけではない、もっとゆっくり考えよう、ああ、母は私にとっていったい何だったんだろう……カウンセリングでこう語るK子さんを見ながら、ジェットコースターのような展開に私も驚いていましたとのことでした。

そして、不思議なことに祖母の死後、息子の暴力は止まりました。休学していた大学に復学を決めた

「母の要望どおり棺にはあの包みを入れました」包みを開けてしまったけど、K子さんは約束を半分だけ果たしたことを伝えました。

文字通り巨大な母が、ひとりの認知症の高齢者となったとき、K子さんはある程度母との関係を分離してとらえることができるようになりました。

母との関係で大きい意味をもったのは父からのラブレターの一件でした。「なんだ、けっこう愛し合っていたんじゃない」という思いは、K子さん自身の性に対する束縛、禁止から解放させてくれたのです。母からいつも父への幻滅を聞かされ、男性への不信と性的関係への嫌悪を植えつけられたと言ってもいいでしょう。それがあのラブレターは一掃してくれたのです。

決定的だったのは母に愛人がいたということでした。父の死後少しも喪失感を抱く様子もない母でしたが、まさかそんな男性がいたなんて。おまけに彼からもらった指輪を後生大事にしまいつづけて棺の

なかにも入れてほしいと頼む。娘や孫の思い出ではなく、愛人のくれた思い出とともに母は火葬されることを望んだのでした。

ひとり娘であるK子さんは、母と同居を容認してくれる相手としか結婚できないと思っていました。その条件を満たし、母親のお眼鏡にかなったのが現在の夫でした。このように、親を支えることをずっと守ってきた彼女でしたし、自分がそうしないと母は幸せになれないということをつゆ疑ったことはなかったのです。

あの指輪を見た瞬間、K子さんは不幸な母というドラマの舞台から降りたのです。

母親も幸せな時間をちゃんともっていたんだ、その男性と会い、体を触れ合い、指輪までもらうひとときが母にもあったのだ。そこに私が入る余地はない、私が支えなければと思っていたのは、ひとり芝居だったのかもしれない。

そう考えて、舞台から降りたのです。

舞台を降りた彼女の隣には、夫がいました。

彼女と結婚するためなら母との同居も厭わない、そう約束してくれた夫のことをあらためて見つめてみようと思ったのです。

私は夫をちゃんと見ていたのだろうか、母にとらわれている私の目に夫の姿は映っていなかったのかもしれない。K子さんはそう思いました。

不幸な両親の夫婦関係を見つめていた彼女は、私はもっと幸福な夫婦関係をつくらなければと思っていました。そのためには夫に「父を超える男になって」もらわなければならなかったのです。そんな要求をもちつづけていたのです。

母の舞台から降りることができたK子さんは、同時に父と夫を分離することができました。夫は、こんな人だったのかと発見することも多く、この人とこれからも暮らしていこうと思えるようになったのです。

3　世代連鎖と回復連鎖

次世代だけは救わなくてはならない

虐待やDVといった問題に関わっていると、加害・被害当事者は結局別れることができないという事態も珍しくありません。つきつめると、最後は次世代だけは（子どもだけは）救わなければならないということになります。

グループで親との関係を整理するという道のりは、他者に自分の生育歴をさらすということです。男性であっても、女性であっても、ACの自覚とともに親との関係を考え、語り、親が主役の舞台から降りようとする。この試みがどれほど大切なことかをわかっていただきたいと思います。

しかし、なかには自分のことよりも、子どもに連鎖させたくないという人が増えています。だから結婚はしません、子どもをもうけることなどできません、という人も少なくありません。

しかし、自分がACと自覚して自分の生育歴をまとめたりグループに参加するという試みが、長い目で見れば、次の世代にとっても大きな意味をもつのです。

世代連鎖の恐怖は、もともとアルコール依存症に関わる援助者が言い始めたことです。嗜癖問題のカウンセリングは、もともと依存症本人だけを扱っていました、その後八〇年代には配偶者へと広がり、その後子どもの問題（アダルト・チルドレン）へと広がってきました。このように家族全体がアディクションの影響を受けることがわかってくると、アルコール依存症本人が飲んで死ぬことはある意味本人の自由だと言えますが、子どもだけはなんとかしなければならないと考えられるようになりました。これが世代間連鎖への注目につながります。

クラウディア・ブラックによれば、アルコール依存症の親のもとで育った子どもの半分以上は、同じようにアルコール依存症になってしまうと言われます。そうすると、断酒することは次世代を救うことにもつながりますし、回復のなかには次世代への連鎖を断つことも含まれます。

実際にカウンセリングの場面で三世代の家族図を聞くと、おじいさんにアルコール問題があったとすると、お父さんはギャンブルだった、私は摂食障害だったなど、家族のなかに嗜癖問題が点々とあるという家族が多いのです。たとえば、正月に一族が集まると、一五人ぐらい集まったうちの四人ぐらいがアルコール依存症だということもあります。

こうしたことがなぜ起きるのかといえば、ひとつは、当然、アルコールという薬物に対する反応という遺伝の問題があるでしょう。しかしもうひとつは、家族のなかに繰り返されているある種の人間関係やコミュニケーションのパターンをそのまま、身につけて育っていくからではないでしょうか。その人の配偶者を選択するときの選択肢、すなわち選択する際の動機に、生まれ育った家族の嗜癖問題の影響というものがあるわけです。

バランスの悪い家庭で育った人はそこに適応するためには偏ったバランスの人間関係を身につけます。

ところがそれが普通だと思っていますから、自分の家族を新たにつくるときにも偏った、バランスを欠いた家族をつくってしまうのです。「ＮＯ」と言えなかったり、しがみつきを愛情と混同したり、もしくは暴力がない、浪費がないから好い人だ、と思ったりする。そこで形成される夫婦とは、結果的に見ると、両親と同じようなことを繰り返すことになるわけです。

連鎖というのは鎖ですが、この鎖が力の勾配でつながっていることが重要です。パワー（権力）とはどちらかがどちらかを支配することで成り立っています。暴力をふるう夫に耐える妻がセットになり、世話を焼く人には世話を焼かれる人がセットになる。これは本人の意志でくっついているわけではなく、力をふるわれると離れるという選択肢が見えなくなるからです。

好きでくっついている、と考えるのは、幾度か述べてきた通り、ＤＶ被害者にも責任があるという説明（被害者有責論）につながりますので、絶対に避けなければなりません。支配する・されるの関係には、殴られても好きでいっしょにいるという説明は不適切だと思います。

それをどのようにして断ち切るのでしょう。その家族で育った人が、自分をＡＣだと自己認知することで、断ち切れる可能性がもてるのです。つまり、自分が生まれ育って身につけた対人関係がゆがんでバランスを欠いていると自覚することで、断ち切れる可能性が出てくるのです。現実にＡＣだと自己認知した人は結婚をしなかったり、結婚しても子どもをつくらない人もいます。なぜそういうことをするかといえば、自分が親から受けたものを考えると親になるということがとても怖ろしいと思えるのです。自分のような存在をもうつくりたくないのです。

もっと早く気づけばいいのにと思われるかもしれませんが、遅すぎることはないのです。子どもの問題はその連鎖の真ん中にいる自分が対応を変えることで、連鎖であるがゆえに、子どもも変わることができます。これがいわゆる、鎖を切ることであり、〝回復連鎖〟です。

中年ACが自分のストーリーをつくり替えていき、子どもは子どもで、自分の親の生き方が変わったことから、自分のなかの親を清算して生き直すことができるようになる。子どもは親が自分自身を見つめるようになったことを敏感に察知します。親が、子どもにとっての祖父や祖母との関係を清算すれば、鎖の真ん中が切断されることで三つがバラバラになります。これにより、子どももまた自分のストーリーを歩むことができるようになるのです。

鎖の要はいちばんつらい存在ですが、だからこそ果たす役割は大きく、本書やカウンセリングの意味もそこにあると思います。

みんなで考えたい「回復」

夫婦の問題から親の問題という流れについては、前に述べました。その一方で、前章の例にもあるように親の問題が整理ができたときに夫婦の見方が変わるということもあります。

親の問題の整理がつかないことを、配偶者との関係に移しかえて解決をはかる場合がよくあります。父に求められなかったことを夫に求める、母に求めて満たされなかったことを妻に求める……などです。こうした期待は配偶者に親を期待することであり、夫婦間では過重なものになりがちです。それが満たされないことで不満が高まり夫婦の不和につながる場合がとても多いと思われます。

ところがその逆で、親の清算とともに、夫婦間の過重な期待も減り、前よりうまくいくようになるケースが生まれることも多いのです。そこからもういちど夫婦関係をスタートさせ、ふたりで共に老いていく関係を受け入れ、明日を考えるようになるのもひとつの「回復」かもしれません。

親の清算によって現在の家族を受け入れられるようになるのです。

ただし、ここで言う回復というのは一種の理念的なものであり、現実的に何を指すのかはわかりません。ＡＣの人と話していても、「回復ってなんだろうねえ、本当に」「わかりませんねえ」というのが現状です。無責任なことを言うなと怒られるかもしれませんが実際にそうなのです。

ここでも最後に出てくるのが、アルコールの問題です。アルコール問題からＡＣという言葉が生まれたことを考えると、回復のモデルというのはやはりアルコール依存症者の回復とつながっているのではないかと思います。

自助グループが今のような自助グループになるのには、いろいろな専門家とのあつれきや専門家との相互援助の歴史がありました。二〇二一年に、日本のＡＡが五〇周年を迎えたという事実はとても大きな意味があります。

何よりも専門家を支えるのは回復者であるということを強調したいと思います。回復しつつある人たちとの関わりによって、感動したり、教えられたり、交流することから、回復が信じられるようになる。このような経験から多くの専門家は、ＡＡに代表される自助グループに通うことを多くの患者さんやクライエントにすすめるのです。

ＡＣについてもそれと同じようなことが言えるのではないかと思います。

ですから、私が回復とはこういうものだと示すよりも、この本を読まれた方が実際にＡＣの自助グループに行かれて、ＡＣ本人として自分たちで回復像を探られるのもいいと思います。

世代連鎖～過去の経験と現在の私と

世代連鎖という言葉は、たとえば遺伝、血、宿命といった非合理的な言葉でくくられる世界を言い表すものではなくて、私たちの過去の経験がどのように現在につながっているかを考えさせるものです。つまり自分が受けた経験と、自分が親になって子どもにすることに、どんな関連があるかをとらえ直すものです。

自分が過去に経験していないことを実践するのはとても難しいのです。それに、人間は過去に意味不明な過酷な体験をすると、同じようなことを繰り返してしまう場合があるのです。

たとえば、親に殴られて育つと自分もまた親になったときに子どもを殴る、というようなことです。このように、人間というものは幸せになることを望みながらも、なぜだかわからない傷つけられ方をすると、その経験を自分で整理できなければ一歩も進めないという理不尽さを抱えています。いちばん簡単な整理法としてあげられるのは、育つ過程で受けた苦しみの意味を、「自分が悪い」と思ってしまうような整理のしかたです。

それを脈々と伝わる〝血〟などと呼ばずに整理するための概念が、繰り返される関係、繰り返すまいとしてもなお行なってしまう関係、すなわち「世代連鎖」なのです。

世代連鎖は、自分を中心に置きながら、自分の子どものころ、そして今、自分が親になって子どもにすることをつないで考えます。自分が経験したことと自分がしようとしていることの間に、一種の相関があるということに気づくことです。

相関性に気づくのが大事なポイントとなりますが、男性はなかなか気づきにくいところがあります。女性のほうはわりと早い段階でそれに気づくものです。なぜかと言えば、女性は妊娠・出産という経験によって、親からされたことを否が応でも気づかされるからです。

自分が受けたことを自分が親になってその正反対をやろうとするのも、一種の世代連鎖と呼んでいいでしょう。

親が離婚したなかで育っている人は、自分は離婚しないと思うものです。形骸化し、傷つけ合う以外にはなにものでもない夫婦でも、離婚だけはできないと思うのも、世代連鎖から出た考え方になります。自分は結婚すれば、親のようには別れないと決めて育ってきたわけですから、別れてしまえば自分の人生が崩れてしまう。

世代連鎖を断ち切ることは容易なことではありません。そのままに伝えるのを表連鎖、まったく伝えないのを裏連鎖と仮に呼べば、表・裏のいずれでもない家族の形成とはどのようなものなのでしょう。それは自分の原家族から受けたものを自覚し、それとは異なる家族関係を「意識的」に「つくる」家族でしょう。つまり表で裏でもない、新しい家族関係をつくり出すのです。

このことは決して簡単ではありません。自分の原家族で身につけた対人関係のパターンを自覚していないとできないでしょう。これにはすでに述べたようにサイコドラマが有効です。

一方で自助グループに参加することも意味があるでしょう。

自助グループとは、ある共通の問題を抱えた人々が自分たちで支え合うことで、その問題の解決を目指すグループのことです。たとえば「今日一日酒を飲まない」ことを共通の目的にする人たち（AA：Alcoholics Anonymous）や、「今日一日ギャンブルをしない」ことを目的とする人たち（GA：Gamblers Anonymous）、過食症の人たち（OA：Overeaters Anonymous）、ACの人たち（ACA：Adult Children Anonymous）などがあります。

アメリカでは、このような自助クループの活用が、人々の生活に根づいています。アメリカにはさまざまな自助グループがあり、三人の家族が、それぞれ三つの別の自助グループに参加することも珍しくありません。アメリカの家族を維持する役割を自助グループが果たしているのかもしれません。

第9章 ACプライド 誇りに満ちて生きる

1　カウンセリングでできること

自分を大切にする〜もっと普通に、カウンセリングを

医療保険の適応外の料金を払ってまでカウンセリングに訪れる人（クライエント）は、心の悩みというより、苦しい、つらいからという切実な理由からです。

問題は人それぞれで、その問題が何かをはっきりさせていくのも私たちの仕事です。クライエントはつき動かされる何かがあって来るのです。自分ひとりで抱え込めないと思ったことを褒めないといけません。なぜなら、人が自分の苦しさをすべて自分で抱え込めるというのは傲慢なのです。人の助けを借りるのは、少しも恥ずかしいことではないし、借りたほうが勝ちなのです。

病気かどうかは医療機関が診断します。私たちがごくごく普通に生きていくうえで、困ったり、迷ったり、誰にもわかってもらえないということがあります。それを、今までは、友だちに相談したり、ときには親に相談したりしていました。でもそれは常識の範囲を超えないのです。

今、私たちがいろいろと直面しているのは、常識の行き詰まりです。常識をひっくり返さないと対処できない問題が多いのです。なかでも家族についての常識ほど根強いものはありません。自分が困ったり、行き詰まったりしているということは、病気ではなくて、むしろより先進的な、より研ぎ澄まされた感性をもっているという証拠なのです。その点を大切にしてくれるようなカウンセリングを受けるというのは、自分を大切にすることなのです。だから、抱え込むということだけはやめましょう。

誰かに自分のことをわかってもらいたいと思いながらも今まで誰にも話せなかった。もしくは少し話したけれど、信頼する友人にもわかってもらえなかった、そんな人に、来談してほしいと思います。

友だちに相談して、常識的な判断をされて傷つく人はたくさんいます。「そんなのあなたの甘えよ」「親でしょ、やっぱり」と。友だち同士では、わかりもしないのに大胆不敵に断定的に言ったりします。こうしたアドバイスは、百害あって一利なしのものなのです。

日常的な変化こそ確かなもの

カウンセリングについての私の考え方を中心に、もう少し具体的に述べてみましょう。

私は、精神分析的な流れから距離をとり、隔たった立場にいます。私のバックボーンにあるのは、先に紹介したサイコドラマ（心理劇）であり、「人間は関係的存在である」とする関係論です。人間の内部、心（こころ）より、人と人との関係からとらえることを大切にし、日常的な感覚、日常のなかの変化を大切にしていくのです。

また、私は診断はしません。医師ではありませんし、病理に注目するわけではないからです。心理検査も実施しません。

私は自分の内面を掘り下げることはしないようにつとめます。自分を掘り下げるというのは、玉葱の皮をむいていくようなものです。それよりも、自分はどう行動したらいいのかを考える、自分の今おかれている関係を読み解いていく、自分のなかにあるいいものを評価する、そういうことのほうがむしろ大事だと思います。

これからカウンセリングが広まっていくにつれて、さまざまな問題が噴出してくると思います。

私はカウンセリングでは個別性を大切にするべきだと思います。

自己啓発セミナーのようにある方向性をもった集団的ワークはあまりおすすめはしません。みんなで同じことをするとか、これを三日間やればいいとか、そういうマニュアル的な動きについては、とても抵抗があります。マニュアル化はできないと思うのです。

なかには、高額な料金をとって一泊二日、二泊三日で実施されるものもあります。たしかに参加者は多くの体験ができるかもしれません。自分の感情を開放し、泣いたり、わめいたりすることもあるでしょう。なかでも多いのが、「過去にこうしてほしかった経験」をその場で体験して「やり直す」ワークショップです。サイコドラマの応用でもありますが、強烈な体験であればあるほど、その後のフォローがなくては、逆にとても怖いものになると思います。そこで感情を露《あら》わに出してしまったのちに、フォローしてくれるところまできちんと面倒をみてくれるのであれば本物だと思いますが、そうでなければ副作用も大きくて、むしろ少しずつやっていったほうがいいはずです。

カウンセリングでお伝えするのは劇的な変化の副作用についてです。私は「日常的な変化こそ確かなものである」という確信があります。それにはとても時間がかかります。多くのクライエントから「先生、どれくらいでよくなりますか」と聞かれますが、「まず三ヵ月みていただきたい」と言います。それが最低の期間です。あらゆる変化において、ある習慣が定着するのに、最低三ヵ月かかります。それを私たちは最小の単位だと考えています。

私たちが実施するグループカウンセリングが、週一回、三ヵ月を最小単位とするのも、そんな理由からです。

グループは週に一回二時間です。そのなかの体験や変化は、グループのあった後、二日か三日はもちます。「これは私が悪いんじゃないわ。親が悪かったんだ」「子どもをコントロールしないでおこう」という気持ちは二日くらいもちますが、三日目、四日目くらいになると「でもやっぱり私が悪いのかしら」というふうに思えてきます。それでまたグループに出て、みんなに力をもらって、認識や考え方に再度変化が起こります。「私はこれで健康なんだ、こういうふうに思い悩むことはいいことなんだ」と思う。でもまた三日しかもたない。

その繰り返しを一二回くらい行なっていくうちに、変化が徐々に自分のなかで定着していくのです。これがカウンセリングの基本です。

別のカウンセリング機関を選び、通う人もいて、それなりに回復する人もいるのです。その人にとってはそれで効果があったのです。ネット上には検索すればあふれるほどのカウンセリング機関が存在します。そのことは事実ですし、多様な相談先があることを肯定したいと思います。

また、カウンセリングには偶然性というかカウンセラーとの相性があることは否定できません。私たちのカウンセリングが万能であるとも思いません。さまざまな手法や流れがあり、それを選べるのが望ましいでしょう。

ＡＣと自己認知する人は、それだけで健全な力があるのです。その力を私が信じることから、私のカウンセリングは始まります。病的な部分を取り出すことが目的ではないのです。

2　再び、ACとは何かを考える

ACというのは診断する言葉ではないので、漠然としていますし、何がなんだかわからなくなるでしょう。マスコミ的には、あまりよく理解されなかったと思います。一九九六年からしばらく、アダルト・チルドレンという言葉は、社会的ブームのように広がりました。カウンセリングのなかで使うACという言葉と、精神医療のなかでのPTSD（心的外傷後ストレス障害）とが少しずつ接続してきたことは事実です。

PTSDは、阪神・淡路大震災のように一時的に起きたショックによって生じますが、慢性的に繰り返されるPTSDという視点からACをとらえる見方もあります。私は、ACを診断や流行語を超える言葉としてとらえています。むしろ、家族や親子にまつわる社会学的な視点のほうに重点を置いているからです。

ACは主観的でかまわない

ACのコンセプトは、ACを「アイデンティティ」と称する人がいるように、実に主観的な言葉です。「私、そうよ」と言ったらそうなのです。カウンセリングなどの場面では、「あなたそうよ」と言われて、「ああ、ACなんですね」という場合もあるにはありますが、基本的には、自分で気づいて自分がそう思えば、誰からも文句を言われることのない、立派なACです。自己申告という点が大切です。

医療に関連した世界では、こんな言葉は他にありません。たいていは言われると嫌な気持ちになる言葉しかありません。たとえば、「統合失調症」や「不安障害」とか……。「人格障害ですよと言われて、もう天にも昇る心地だ」ということはまずないでしょう。たいていの診断名は、診断をする側とされる側があって、される側は受動的であり傷つき、それを勲章にすることはありません。ネットで調べるとどんどん落ち込むばかりです。

ところが、アダルト・チルドレンという言葉のもつ独特の響きには、そうしたニュアンスがありません。

いっぱい「ＡＣ」と言ってあげよう

近年、専門家を悩ます問題として、アルコール依存症にもなれない、摂食障害にもなれない、シンナーや覚醒剤のように反社会的なこともできないと、しょっちゅう手首を切ったり、引きこもってしまったり、親を殴ったり蹴ったり、何がなんだかわからない怒濤のような思春期の問題があります。

そういう遍歴を重ねて、手首に何針も縫う傷をつくって、やっともうこれでやることもないか、カウンセリングでも受けてみるか、と私たちの前に座ったときに、「親に暴力をふるう人」と言われるより、「ＡＣではないでしょうか」と言われたほうが本人には気持ちがいいのです。ＡＣという言葉を知らなかったとしても、不思議なもので、ＡＣと言われると何か気持ちがいいのです。

言われて嫌な言葉と、気持ちのいい言葉のどちらがいいかと言えば、誰だって気持ちのいい言葉のほうを選択するでしょう。「あなたはＡＣですよ」といっぱい言ってあげればいいと思います。

この言葉を、このコンセプトを投げかけられることで、その人は他者の援助を受けようという気が起きます。こういうときに、ＡＣというコンセプトは非常に生きてきます。

それまで自分ひとりで頑張って周囲を困らせないようにと行動してきた人が、ＡＣのコンセプトを知り自分のアイデンティティを手に入れることで、人の援助も受けてもいいのか、グループに参加してみようという気も起きてくるのです。

ＡＣは「脅かすもの」ではない

誰だって「私はＡＣ」と言っていいのです。「ＡＣかな？」と思ってカウンセリングの場にきたのなら、その人はＡＣです。

アルコール依存症の親がいるからといって、「ＡＣです」と断定することはありません。「私は親とは別の人生を歩んでいます」と言う人に、「あなたはＡＣだから、子ども時代に影響されている」などと脅かす必要はないのです。「つらくなることがあったらきてね」と言えばいいのですから。本人の知らないところで勝手にラベルを貼りつけるものではありません。

だから、ＡＣが人口の何パーセントか、といった問いは無意味なのです。

「親がアルコール依存症であって精神科を受診した人」というように、客観的定義づけをすれば人数も出てくるかもしれませんが、量を数字では表せないと思います。アメリカのようにムーブメントになって、ＡＣの自助グループがいくつかあるというところでは多少は数量もわかるかもしれませんが、ＡＣがいったい何人いるかということについては知る必要もないことです。

ＡＣとは、そうした数の理解ではないのです。自己認知の問題です。客観性をもたないので数とかパーセントといったことは関係ありません。既成の学問のなかに入っていかないのは、これが大きな要因でしょう。

しかし、そうは言ってもヌエのようでは困ります。あえて概念規定すれば、第２章でも述べた通りですが、

「現在の自分の生きづらさが、親との関係に起因すると認めた人」

とでも言えるでしょう。

また、私たちカウンセリングの専門家がこのコンセプトを用いる場合、ひとつの倫理規制のようなものが必要と思います。当事者が知らないところで勝手にラベルを貼らないこと、もしそのようなラベリングを行なう場合、いずれ必ずその人に直接関わることで、その人にとってＡＣコンセプトがプラスに働くようにする責任を負うこと、の二点でしょう。

このようなカウンセラーとしての倫理を踏まえないと、つかみどころのないぶん、どんどんひとり歩きして、勝手に他人を「診断」する言葉になることを、私はいちばん恐れています。

ＡＣは悪循環を突き破る

ＡＣはなんでも人のせいにしていると言われますが、人のせいにすればいいと思います。

というのは、ＡＣの人は、人のせいにできなかったからここまで苦しかったわけです。自分であまりにも過剰に背負い込んで、自分の存在までも余分じゃないかと思い、生まれてきたことも申し訳なかったのでないかと思うくらいに。人のせいにするどころか、自分を責めて親のぶんまで背負って生きてきたわけですから。

相手のせいにするには、「自分には責任がない」と思えることが必要です。そのためには、自分を後

押ししてくれる、自分のことを肯定してくれる他者や、言葉や、本などが不可欠です。その点から考えても、すべて人のせいにすることは甘えを助長するという批判はまったく浅薄です。そんなものを気にすることはありません。

ＡＣの人たちが、「親が悪い」と言えたら、一段階ステップアップしたと私は思います。それは「自分は親から被害を受けた」と認めることだからです。

常識では、人のせいにするのはよくないことになっています。それはなぜかと言うと、自分の責任を果たさないことだからです。ならば、戦後七〇数年、自分で選択することもできずに国際社会を渡ってきた日本で、人のせいにするな、などとは誰も言えないのではないでしょうか。

私たちはみんな人のせいにして生きてきているわけで、そういう意味で言えば、人のせいにできないで生きてきたＡＣの人たちの苦しさというか、けなげさというのは、すべて人のせいにしながら自分の責任を果たさないで生きてきた日本という国の今までの在り方を逆に照射するものではないかと思います。

また、アダルト・チルドレンという言葉がマスコミに登場したときに「親が悪いと言えばすむんだろうか。甘えるんじゃない」と批判がありました。たとえば、「そんな小さいころの、試験のときに親が鬼のような顔をしていたとか、二八歳にもなって、いまだにしつこくこだわってるなんて」といった物言いが次々と湧いてきたのです。しかし焦点は、そういうエピソードがなぜ記憶に残っているか、成人してからもなぜその人を苦しめているか、ということです。

その人はずっと自分が悪い子だったと意味づけて、自分を責めて苦しんできたのです。ＡＣは、初めて親が悪いと言うことを許し、そして楽になってもらおうとするのです。楽になってもいいという言葉が、その人にとってはＡＣだったのです。

ACコンセプトがなければ「私は甘えているんじゃないか。私は親のせいにして、あんな年老いた親を責めて、冷たい子どもじゃないか」「でも苦しいし、親を許せない」と、堂々巡りをつづけます。この堂々巡りの悪循環を突き破る言葉がこれまではなかったのです。

その意味で、ACという言葉は親が悪い、許さなくてもいいと思えることでその悪循環から脱出させてくれる言葉だろうと思います。

親のせいにすることは、その人が楽に生きるためには、どうしても必要なステップなのです。

ACはすべてを肯定する

ACというラベルは自分の状態を肯定的にとらえられるという意味があります。それは医者の下す摂食障害とか、人格障害とか、ボーダーラインなどの診断とは一線を画するどころか、遠く遠く離れたものだろうと考えています。ACを病気だと判断する立場もあるでしょう。医者というアイデンティティから診断するわけで、それもひとつの立場です。

でも私たちは、健康な部分を見つめてその部分を伸ばしていく、その人の力を信じていくという立場から、病気とはとらえません。客観性から程遠いというのがACコンセプトですから、いろいろな立場からこのコンセプトを好きに使えばいいと思います。

アディクションのアプローチの基本のひとつが、「とことんやれば先が見える」ということです。とことん甘えるとか、とことん逃げるとか、とことん食べるとか……。だから自分がACだと思えば徹底してACを自己認知しつづける。そのことが先が見えてくるためには必要だと思います。

ACは肯定言語なのです。

なぜＡＣが肯定言語かと言うと、まず、ＡＣの基本が「親の支配を認める」ということにあるからです。つまり、ＡＣとは親の支配を読み解く言語なのです。

ＡＣとは私たちの生まれ育った家族における親の影響、親の支配、親の拘束というものを認める言葉なのです。つまりそういう支配を受けて今の私がいるということ、まったく純白のところから私たちが色をつけられたのではなくて、親の支配のもとにあって、影響を受けながら今このように生きていることを認める言葉なのです。自分がこんなに苦しいのは、「私がどうも性格がおかしいのではないか」とか、「私が意志が弱かったのではないか」ということではなくて、そこには親の影響があったのだと認めることで、「あなたには責任はない」と免責する言葉でもあるわけです。

もうひとつの理由は、自分が楽になることはいいことだと認める言葉だからです。余分なものは背負わず、いやなことはしないで、もっと楽に生きようとすることは、素晴らしいことです。日本人は楽に生きることに対して認めなかったり、貶めたりする傾向があります。自分を苦しめていないとさぼっているのではないかという世間の目を取り込み、追い立てられています。それは親の目でもあります。楽になってはなぜいけないかと開き直ってもいいでしょう。楽になることを肯定する、という意味でも肯定言語です。

ＡＣは誇りに満ちている

中年期は老親と思春期の子どもの間にはさまれて非常に苦しい世代です。

自分のせまり来る老い、先の見えた仕事、しかしまだまだつづく生活……。この時期にたじろがず、自分の座標軸を求め、自分のアイデンティティを探ること、そしてＡＣと自己認知すること。これほど自分に対して誠実で、生きることに真摯な姿勢があるでしょうか。

目の前にいない親との関係を整理するというイマジネーション、自己のストーリーを組み替えるという洞察力、これらは誇ってもいいものです。

さらにACとしての自分、自分の親との関係をグループで語ることで、自分のこれまでの人生のストーリーの組み替えが起こります。女性服のたとえで言えば、七号の服がきゅうくつだったから一一号の服に取り替えるようなもので、より今の自分にフィットしたストーリーを手に入れることです。そのことで、これからまだまだつづく人生をもっと身軽に、足音も軽く歩んでいけるようになるのです。

これらの作業は「甘え」でも「病気」でもない、プライドに満ちたものでしょう。

ACは誇りであり、さらに言えば人間の尊厳を表すものです。

自分の人生の座標軸を措定し、「私はこれまで、このように生きてきて、このように親の影響から脱していこうとしている」と考える。上と下から挟まれて苦しみながら、鎖のかなめの中年期のACがこう考えることは、誠実で真摯な生き方を実行している人と言えるのです。

それらは誇っていいことです。

これが「ACプライド」と呼ぶ理由です。これは「自己肯定感」とは無関係です。

そしてすでにおわかりの通り、これは中年世代に限ったことではないのです。親子関係に苦しむ人、つまりあらゆる世代のACにこれは共通しています。

自尊心とは、自分に与えられた、自分を支配してきたものを、幻想をはぎ取って見つめ直すことで得られると思います。それは、「自己肯定感」とはほど遠いものなのです。

親の影響を受けつつも、それに支配しつくされることなく、それを怜悧に見つめきり、言語化する能力と、それを支えるあふれるような感性を保ちつづけてきたこと。
これこそが人間の尊厳です。
ＡＣは誇りなのです。

第10章 そして、今

パンデミックのなかで

1　どうしようもない混乱と不安

「一日は果てしなく長いが一年はあっという間に過ぎる」

これは引きこもりの経験をもつ男性がカウンセリングの場で語った言葉です。あとがきでも触れた通り、本章を書いているのは、二〇二〇年五月。初夏の強さの陽光は汗ばむほどで、色とりどりのバラの花はもう満開です。しかし近所に買い物に出かけても街を歩く人影はまばらで、全員がマスク姿で足早に通り過ぎていきます。

緊急事態宣言を受けて四月半ばからなかなか文章を書けない状態がつづきました。どうしようもない混乱と不安に押し流されて、暗い海中に沈みながらいっこうに水面から顔を出し空気を吸える気がしなかったからです。それがいつから始まり、どのようなプロセスをたどり、こうしてなんとか日常を送れるようになったのか、それをちゃんと振り返らなければいけないと思っています。

時間の湾曲

日本で新型コロナ感染拡大が叫ばれるようになったのはいつからでしょうか。たしか一月はまだ海外で流行っているというニュースで、どこかまだ対岸の火事だった気がします。そこから二月に政府方針が出され密を避けるよう要請される事態となり、私の時間感覚は大きく湾曲してしまいました。カレンダーを眺めながら振り返れば、もう三ヵ月半も過ぎています。あっという間に過ぎたようですが、いっぽうでこの上なく長かった気もします。冒頭のひとことは、そんな私の経験を言い当てていたと思います。

物理的時間と、私の経験的主観的時間はまったく一致しないのはなぜでしょう。伸びたのか縮んだのか、永遠に近いほど長かったのかそれともあっという間だったのか。ときが湾曲したとしか言いようのない経験でした。時計が進む時間と、私の記憶のなかの時間との間の乖離が、とても大きかったからでしょう。このような時間感覚を巡る混乱が、私の不調の大きな要素だったと思います。

底つきの図

振り返りながら、ふっと頭に浮かんだのはひとつの図でした。アルコール依存症者の自助グループで用いられる言葉に「底つき」があります。今ではほとんど用いられていませんが、二〇〇〇年代の初めまでは、保健所の酒害教室に行くと、転落⇓底つき⇓断酒⇓回復というV字型の図が掲げられていたものです。それを見ながら多くのアルコール依存症の家族は飲んでいる夫が早く底をつけばいいのに、と考えたはずです。

どんどん飲ませて夫が底をつけば、やがて回復するだろう、というのはひとつの希望だったのです。しかし飲みつづけて死んでしまうという一種のリスクも孕んでいたのですが、当時の専門家たちはこのV字型の図を信じていたことは事実です。

コロナにまつわる私の経験も、どこかこのV字型をたどっている気がします。一月中旬から始まったコロナ感染拡大に伴う経験を、①地すべりから底つき期と②復興期に分けてみましょう。復興という言葉には（これは回復という言葉と似ています）、元に戻るという意味が含まれていますが、決してそうではありません。元に戻るなどということはありえませんから。でもそれ以外に適当な表現がないので敢えて使用しました。

2　地すべり期から底つきまで

アイデンティティ崩壊～強烈な被支配願望

大げさに思われるかもしれませんが、二月に入ってから、私を支えている大切なアイデンティティが次々と地すべり的に崩壊していく気がしました。どうなるのだろうという危機感が日増しに強くなったのです。

東日本大震災後の混乱と似ていますが、決定的に異なるのは、あのときあの瞬間という共有された発生時刻がなかったことです。一月中旬からじわじわと時間をかけて襲いかかってきたこと、振動や痛みといった体感・実感を欠いていたこと、すべては情報由来だったことです。その点でどこか放射能の恐怖とも似ていました。

さらに大きかったのは、世界のどこにもアジールや逃げ場所がないというどん詰まり感でした。イタリアやスペインの悲惨な状況は、どこにも逃げられないと思わせるものでした。テレビを見るたびに不安と恐怖が蓄積されて、同時に湧いてきたのが確かなものや圧倒的な力に縋りたいという欲求でした。自分でも無駄だと思いながら、暇があるとスマホのツイッター画面に吸い寄せられることになりました。

この時期いつも夢想したのが、「ジャンヌ・ダルクは登場しないのか」「ヒットラーが登場しても不思議じゃないな」ということでした。奇跡のようにひとりの救済者が登場すれば、事態はすべて好転するのではないか。心のなかでそう願うたびに、自分のなかにも第二次世界大戦前のドイツのような全体主義的支配者＝カリスマを待望する芽が確実に育っていることに気づかされたのです。強烈な被支配願望は、不安と裏腹に私たちをむしばむのだと痛感させられました。

刻々と変わるメディアの情報は安心感を与えるどころか、胸の片隅に巣くった小さな不安の種は少しずつ成長し、ついには自分を食い尽くしてしまうように思われました。だからこそ、なんとか踏みとどまらねばという思いもあり、二月の半ばには新聞社からの依頼原稿に「不安エネルギー」の恐ろしさについて書きました。書くことで、私はなんとか自分を保つことができたのです。しかしその時点で考えていたことは、まだまだ甘かったのだと気づかされます。

オフィス移転という決断と賭け

私を構成するアイデンティティはいくつもありますが、中心になっているのがカウンセラーとしてのそれと、一一名のスタッフを抱える開業心理相談機関（以下、センターと略）の所長として、さらに経営者としてのアイデンティティです。

年間の初回来談者が六〇〇人を超えるのは、開業機関としてはおそらく日本一の数でしょう。そんな膨大な数のクライエントに対する臨床責任と、一一人のスタッフへの経営責任がすべて私の肩にかかっているという重い事実が、ふだんは私をふるい立たせるエネルギー源にもなっていました。二五年間もつづけてこられたのは、そのおかげだったとも言えます。ところがその重さが、今度は私を追い詰めることになったのです。

二〇一九年六月、それまで入居していた神宮前のビルの建て替えが決まりました。突然にそう通告されたときは、目の前が真っ暗になるという表現がぴったりでした。もちろん居座って絶対に動かないとごねることもできました。しかし、決断が早いという私の特徴が作動し、そのビルを出ようと思ったのです。

ビルの三階にあるオフィスの部屋の窓からは、隣にある公園の桜が目の前に広がります。満開の季節は、カーテンを開けると窓いっぱいに広がる桜花が手を伸ばすと届きそうに見えました。桜の季節は、毎年あの光景を思い出して懐かしむでしょう。

それから約半年、仕事の合間を縫って移転先を探し、不動産業者と折衝し、設計・施工にまで漕ぎつけたのです。七四歳の年齢を考えると、われながらよくやったと思います。

引っ越しに関しては、スタッフ全員が頑張りました。二〇二〇年の年明けに移転し、一月には新規移転先で業務を再開しました。そのころ、中国で感染症が発生したという小さなニュースが入り、一瞬不安に思いましたが、それがパンデミックになるとは想像もしていませんでした。一月二六日にはささやかながら内覧会も実施したところでした。

後悔という悪魔の二文字

以前のビルより専有面積も広く、部屋数も増やしました。もちろん部屋の賃料は以前の倍近くになりました。年齢からすれば、無謀とも言える賭けでした。移転する際に、選択肢はふたつしかなかったのです。以前より狭い部屋を選ぶか、広い部屋を選ぶか。

なぜなら、一九九六年に借りたオフィスの賃料は、二五年の間にはるかに上昇していたからです。所有者の好意で据え置かれていたものの、神宮前という地名のブランド力ははるかに増し、リーマンショック以後も賃料は下がらない地区として有名だったのです。

二者択一をせまられたとき、私は広いほうを選びました。

振り返ってみれば、これまでの人生で訪れたいくつもの分岐点で、必ず〝攻め〟の一手を選んできたと思います。おまけに、自分の勘と気分で一瞬のうちに決めてきたのです。考え込み迷ったふりをしてみせても、熟慮することはほとんどありませんでした。たぶん、自分の感覚に自信をもっていたのでしょう。無謀に見える道を選んできましたが、いちども後悔することはありませんでした。幸運だっただけなのかもしれませんが。そんな私が、生まれて初めて後悔をせまられたのです。

多くの人は内心でこう思ったのではないでしょうか。「もうすぐ後期高齢者に手が届くというのに健康は大丈夫なの」「あらあら信田さんも引退のチャンスをみすみす逃してしまったね」といった推測が、次々と湧いてきました。そして、あのときにもっと狭い所を選んでいれば、家賃がもっと安いビルであれば、ああやっぱり引退していれば……と考え始めたことに驚いてしまったのです。これまでの自分の辞書にはなかった「後悔」という二文字が、まるで悪魔のように私を蝕み始めた気がしました。そのことに怯え、足元が少しずつ崩れる気がしました。

命とお金

三月二五日、オリンピック延期が決まると同時に、日本でも感染者数の増大が問題になり始めました。小池都知事から緊急事態宣言も発出されたのですが、実はそのころから記憶がありません。なぜかせっせとつけていた日記を読み返すと、在宅で電話カウンセリングを実施したり、Ｚｏｏｍ会議や女子会などを生まれて初めて実施しているのですが、まったく記憶にないのです。正確に言えば、単発の記憶は浮かんでくるのですが、時間の前後関係がはっきりしないのです。記憶しているのは、あの表現しがたい感覚だけなのです。もう逃げたい、ひたすら撤退したい、仕事からもあらゆる役割からも逃れてひっそりとただ呼吸だけして生きていたい、という感覚だけが私を包んでいました。

後期高齢者の私は感染ハイリスク者なのでした。それに狭心症の既往歴まで加わっています。日々三密回避と叫ばれるなかで、そもそもカウンセラーとしての仕事は「三密」の世界だったことを突きつけられました。

収束の見通しもなく、ワクチン開発への遠い道のりを知るたびに、もうセンターの仕事は成立しないのではないかと思いました。コロナ後の世界でカウンセリングをどのように実施すればいいのか見当もつきませんでした。それは心理臨床家としての職業的アイデンティティを揺るがせ、仕事がなくなるという経済的不安に直結しました。感染が怖い、死にたくないという命の不安と、センターが存続できなくなったらどうしようという思いが加わって、いわば命とお金の両面から追い詰められることになりました。そこに後悔という悪魔が登場することで、出口はなくなります、こうして私は地すべり的に、ひたすら引きこもるしかないという状態に至ったのでした。

3　復興期

オンラインによるつながり

記憶のない日々でしたが、当時の日記をたどると、ほぼ連日引きこもってパソコンとスマホとノートパソコンの三つのデバイスを使いこなせるように悪戦苦闘していたことがわかりました。そうしなければオンラインカウンセリングなんかできないという切迫感が、七四歳の私を駆り立てました。Ｚｏｏｍで知人たちと久々につながり、現状を共有しておしゃべりができるようになったころから、少しずつ記憶がはっきりしてきました。ウェビナーというものにも参加し、頭がシャッフルされる経験もしました。いくつもの女子会に参加しＺｏｏｍでのカメラ映りのアドバイスももらいました。

今の私はすっかり元気になりました。でも、あの記憶のないほどのどん底に近い時期からどうやって復興したのでしょう。

グループカウンセリングを実施しながら、いつも参加者に伝えていることがあります。

『悪い変化が起きたときは対応（how）を考える、よい変化が起きたときはその理由（why）を考えること』

ともすれば私たちは、悪い変化が起きたときには「どうしてだろう」とか、「原因はなんだろう」とwhyを考えがちですが、これはほとんど意味をもちません。経済や物理的変動に対してはもちろん原因追及は必須ですが、家族のなかで起きた悪い変化に対して、対処のすべもなく「原因はなんだろう」

と頭のなかにwhyの二文字がちらつくのは危険信号です。まず対処（どうするか＝how）を考えなければなりません。

　一方でよい変化が起きたときは、必ずなぜそれが起きたかの理由（why）を考える必要があります。できれば理由は三つ挙げることです。グループカウンセリングではよい変化が起きた理由を三つ挙げてもらうようにしています。その三つをつづければ、よい変化が持続することになりますから。

　私の場合、どうだったのでしょう。逃げ場がなかったのは大きな理由ですが、もうひとつは他者とのつながりを信じて求めたことでしょう。知人や家族はもちろんのこと、センターのスタッフとのつながりや連携は本当に大きかったと思います。

　三つ目は、クライエントとの関わりでした。東日本大震災後、多くのクライエントはみんな、私よりはるかに落ち着いて元気でした。「世の中が自分たちに近づいたからです」という言葉や落ち着きによって、二〇一一年の震災後、どれほど私は支えられたでしょう。そしてコロナ禍においても、オンラインでつながったクライエントが私に力を与えてくれたのです。

　コロナ禍が襲う前は、スマホもＺｏｏｍも縁遠かったクライエントの女性たちも多かったのですが、今では全員Ｚｏｏｍのグループカウンセリングに参加しています。あるグループは遠隔地からの参加者も多いのですが、二〇時開始に設定しています。ある女性は車のなかから、ある女性はひとり使用のカラオケボックスから、別の女性は別室の夫に聞こえないようにイヤホンを使用し、話したいことはチャットに書き込むことで参加しています。オンラインカウンセリングはひとりになれる空間が必要になりますが、多くの女性はさまざまなハードルを越えて参加しています。昨年四月オンライン化して初めてのグループで全員の顔をパソコン画面上で見たときの感動は忘れられません。

クライエントは大先輩

三〇年近くカウンセリングをつづけているひとりの女性は、Ｚｏｏｍの画面越しに言いました。

「みんなほんとに死ぬのが怖いんだなって思いましたよ……なかでも男性は！」

摂食障害の回復者でもある彼女はかつてリストカットを繰り返した経験があります。

「だって、私、不安のプロですよ」

高らかに笑いながら語る彼女に向かって、不安いっぱいで死ぬのが怖い私は、思わずひれ伏しそうになったのです。クライエントの人たちにとって「ステイホーム」の生活は人目を気にせず家に居られるので快適なのでした。

「周囲が自分に近づいたんでしょうね。だって対人恐怖はマスク姿が当たり前になって解消しました」

「手洗いの強迫性障害は、それが義務になって障害じゃなくなったんです」

クライエントの言葉を聞きながら、マスクも在宅勤務も新参者である私は、いつのまにか大先輩に教えを請う立場になっていたのです。「そうですか、なるほど」とうなずくばかりの私は、たとえようもない安心感で満たされていました。

センターで最高齢の私にとって、感染拡大に伴ってスタッフが一致協力してオンラインカウンセリングのシステムを構築するありさまは、この上なく頼もしいものでした。一九九五年の設立以来、最後は私が背負わなければという責任の重さを原動力にしてきたのですが、双肩に背負う荷の重さがコロナ禍にあっては私を沈没させることになったのでした。スタッフの大車輪の奮闘は、重すぎた私の荷を下ろしてくれました。そうだもっと頼ろう、そう思うことで私は水面に浮上できたと思います。

知人のひとりはＺｏｏｍの女子会で言いました。

「私、つくづく人間が嫌いだったんだって再確認したわ、人に会う必要がないんだもん。好きに本が読めて書けるでしょ、雑音がないって快適そのものじゃない？」と。

彼女の言葉を聞きながら、やっぱり私は人間が好きなんだ、と納得しました。こんなベタな自覚にたどりつくことができたのも、少しずつ余裕を取り戻したからでしょう。

4　今、何が起きているのか

前提がひっくり返った「複雑性トラウマ」の経験

コロナ後の世界がどんなものになるのか、少しずつ想像できるようになっています。それでも多くの人は、飛沫感染の恐怖、密集することの回避からしばらく逃れることはできないでしょう。コロナ以前に放映されたドキュメント番組を見ながら、こんなに人が密集してもいいのだろうかとハラハラしてしまうのは私だけではないでしょう。

昨年からつづくコロナ禍は、絆やつながりにまつわる従来の前提をひっくり返すような影響をもたらしたと思います。それは年余にわたる長期間だったために、私たちは知らず知らずのうちに適応し慣れてしまっていますが、おそらく一〇年後から振り返ればこの経験は「複雑性トラウマ」として考えられるのではないでしょうか。

ＤＶや虐待のように家族のなかで長期にわたる反復されるトラウマを複雑性トラウマと呼びます。コロナ禍もそれと同じではないでしょうか。そこから私たちが回復するにはどれほど時間がかかるでしょう。それを考えると気が遠くなる気がします。それでも、私のV字復興の経験を振り返れば、他者との関わりこそが混乱と不安という沼から人を引き揚げるのだという確信は変わりません。

多くの学会やセミナーがオンラインやリアルとのハイブリッドで実施されることは当たり前になっています。コロナがインフルエンザ並みの当たり前の感染症となって脅威が去ったとしても、このツールの簡便さを人々は手放すことはないでしょう。学会のあり方や、出勤してハンコを押すという企業の慣習も大きく変わるでしょう。

コロナ禍がもたらした家族の絆強化

一方でステイホームがあぶり出したのが「家族」の特権性と聖域化でした。なぜか家族だけは密であることが奨励されたのです。唯一家族だけはマスクなしで接触できる集団でした。クラスターのなかに家族は入りません。おそらく家族を媒介として感染が広がったことは誰でも想像できます。でも家族を解体したり、別居を奨励することなど、どこの国でも行なわれませんでした。このことは、どれほど疫病が蔓延しても、パンデミックが襲おうとも、家族が最後の砦であるとされたことを表しています。

家族は一枚岩ではありません。本書でも述べてきたように、家族は国家のミニチュアであるかのように、権力が蔓延り《はびこ》、力関係の強弱がもっとも顕著に表れる場所なのです。各国でDVの増加が叫ばれ、日本でも無料相談が開始されたことはこれらを裏づけるものです。外部に閉ざされた家族は、力関係においての弱者である人たちにとっての逃げ場所を封鎖されたことを意味します。

現在私はDV被害女性のグループカウンセリング、女性ACのグループカウンセリング、子どもの問題に苦しむ母親のグループカウンセリングの三つをオンラインで実施しています。昨年の緊急事態宣言発出の際、もっとも危惧したのは、グループ参加が、まるで命綱であるようなグループに参加する女性たちのことでした。毎週グループに参加して、子どもの自殺企図やアルコール問題への対処の指針を得る、それによって事態が好転するかもしれないという一縷の希望を求めている女性たちにとって、グループが中止されることは、オーバーに言えば生命危機にも等しい事態なのです。

私はこれまで「セラピー」や「治療」を行なっていると考えたことがありません。今ここに起きている危機に対応し、目の前に存在するクライエントの人たちがなんとか生きていけるように支援することを第一に考えてきました。

オンラインしか方法がなければためらいもなくオンラインカウンセリングに踏み切る、それがカウンセラーとしても当たり前のことであり、私の責任なのではないかと考えています。

補章　ドメスティック・バイオレンス

日本で女性として生きるということ

1　DVを可視化する

ACとDV

カウンセラーというと、一対一で心の内奥や悩みを扱う職業と思われがちですが、私の場合は少し違います。一九八〇年代から、さまざまな依存症やアディクション（嗜癖）、それに伴う暴力に関わり、精神内界よりも、他者との関係で起きる出来事に積極的に介入してきました。二〇〇〇年代からはDV被害者のグループカウンセリング、DV加害者更生プログラム、DV被害を受けた母子対象のプログラムなど、いずれも日本では数少ない実践に関わってきました、それらの経験にもとづいて、DVについてこれまで考えてきたことを述べておきたいと思います。

DVについてはあるステレオタイプな理解がありますが、それによって見えなくなっている側面を明らかにしておくことは、ACの背景にある暴力をより正確に理解することに資するものと思うのです。

家族に暴力など存在しない？

どんな言葉も名づけられる必要が生じたから誕生します。しかし歳月を経て定着するうちに、いつのまにかその起源は忘れ去られ、意味が変容していくこともあります。人びとに周知徹底されることは、わかりやすさがもつ陥穽と無縁ではなく、DV（ドメスティック・バイオレンス）もそのひとつです。

多くの人たちは、DVと聞くと夫が妻を殴る光景を思い浮かべるでしょう。夫が家具を壊してこぶしを振り上げ、妻が倒れている傍らに子どもが……といったテレビドラマの描写がそのステレオタイプ化に拍車をかけました。ひどい夫とかわいそうな妻という「加害者」「被害者」像は、ＤＶ啓発のためには必要だったのかもしれません。

おかげで今では「ディーブイ」という音の響きは聞く人の眉をひそめさせ、「あってはならない悪」として定着してきました。しかしほんの少し前まで、日本では家族の暴力など存在しないと考えられていたことを忘れてはいけないのです。

実は日本では二一世紀になるまで、家族の間に「暴力」は存在しなかった――正確に言えば、妻に「手を上げる」夫はいても、妻に暴力をふるう夫は存在しなかったのです。「法は家庭に入らず」という法の理念によって、「暴力」という判断は家庭の入り口で立ち止まらざるをえなかったのです。そもそも暴力という言葉には、すでに「正義（ジャスティス）」は被害者にある」という価値判断が埋め込まれています。その判断のおよばない世界こそ家庭だという考えは、今でも一部の人たちに共有されています。家族の美風がそれによって壊されてしまうと真顔で主張する中高年男性は多く、法が適用されない＝無法地帯が家庭だったのです。

起源をたどる

ではＤＶという言葉の起源はどこにあるのでしょう。ルーツは一九七〇年代初頭に始まる第二波フェミニズムに求めることができます。その後、欧米では女性に対するレイプや暴力告発のムーブメントが生まれ、ロンドンやシドニーには世界にさきがけて女性のためのシェルターがつくられました。そして一九七五年のベトナム戦争終結後、アメリカで帰還兵たちのアルコール依存症が増加するのに伴って、妻や子どもへの暴力が多発したため、一九八〇年代初めにはアメリカ各州で家族への暴力が法的に禁止され、違反した場合は逮捕が可能となったのです。

日本でも一九八〇年代には夫から殴られている女性たちを保護する民間シェルターがいくつも生まれ、女性を支援するフェミニスト団体では夫の暴力という言葉はすでに使用されていました。私はアルコール依存症の治療やその家族のカウンセリングに関わっていたので、酔った夫に殴られる女性たちの実態に触れることも多かったのです。鼓膜が破れたり、腰骨を折られて片足がうまく動かない女性、怖くて避妊を言い出せず六人の子どもを抱える女性など……しかし当時は彼らの行為はアルコール依存症の症状とされ、酒乱と呼ばれていたのです。

大きな転換は、一九九五年九月に開催された第四回世界女性会議の北京宣言によってもたらされました。宣言文にはジェンダー平等と女性に対するあらゆる暴力の撤廃が謳われており、黙認されがちだった家庭内の女性への暴力がドメスティック・バイオレンス（ＤＶ）と名づけられ、その根絶が目標に掲げられたのです。

北京会議参加者たちによって、ＤＶという言葉は日本の支援者に広がり、夫から殴られた女性たちをＤＶ被害者と呼ぶようになりました。名づけられる必要があり待たれていた言葉として、ＤＶは一九九五年の秋に多くの専門家たちに、そして何より当事者である女性たちに共有されることになりました。

その六年後の二〇〇一年、ＤＶ防止法（配偶者からの暴力の防止及び被害者の保護等に関する法律）が制定されました。二〇〇〇年に制定された虐待防止法（児童虐待の防止等に関する法律）も含めて、家族の暴力に関する二法が禁止法ではなく「防止法」であることは、法的強制力（加害者処罰）が少ないことを表しています。

とりあえず被害者を保護することが支援の中心となり、加害者は放置されるだけです。加害者処罰がほとんどないことを多くの人は知らないのではないでしょうか。虐待死事件が起きると、子どもが保護されなかったことを批判するメディアは多いのですが、なぜ早期に虐待者である親を逮捕しないのかという主張は少ないのです。

二つの防止法の問題点を指摘することはできますが、それでもなお二一世紀の出発点に、家族のなかで暴力が起きていると国家が認知したことの意味は極めて大きいことと思うのです。

2　DVと虐待の分断

ふたつの虐待死事件とDV

出発点で内包されていた問題を象徴するような児童虐待死事件が起きました。二〇一八年三月に東京都目黒区で起きた事件（五歳女児が死亡。女児の両親が逮捕）、さらに二〇一九年一月に千葉県野田市で起きた事件（一〇歳の女児が死亡。父親が逮捕。母親は傷害幇助罪に問われた）は、共通点が多いのです。被害児がともに女児であったこと、虐待加害親が父であったこと、さらに父から母へのDVが認められたことなど、です。発生当時、いくつかのメディアから取材を受けましたが、DVと虐待の対応機関が異なり、おまけに連携が少ないことは意外と知られていませんでした。

DV対応は内閣府の男女共同参画局の所管ですが、虐待対応の児童相談所（児相）は厚生労働省で、使用される言葉も違えば、研修の内容も別々です。二〇二〇年九月一六日、菅政権発足時に示された目標のひとつが縦割り行政の弊害の是正です。DVと虐待が所管官庁の違いによってほとんど連携されないことを長年嘆いてきた私は、亡くなった女児たちがDVと虐待の分断の裂け目に落ちてしまったのではないかとさえ思うのです。

ふたつの事件を受けて、厚労省は連携不足を認めざるをえず、二〇一九年から有識者検討会を組織し、虐待相談窓口である児相とDV対応を行なう配偶者暴力相談支援センター（以下、センター）との二〇一八年度の連携状況について全国で調査研究を行ない、回答した児相の四割超、センターの三割超が連携した事案はないと報告していたことがわかりました。意外と連携率が高いというのが私の感想ですが、実際に厚労省と内閣府の担当者が同席する会議自体が稀なのです。

二〇二〇年四月に施行された改正児童虐待防止法には、児相とセンターとの連携強化が明記され、そのための指針が自治体に通知されました。一刻を争う虐待やDVの場合、ワンストップ的対応が必須なのだから、その点では大きな前進でしょう。それでも、DVと虐待の防止法制定から二〇年経ってやっと動き始めた連携は、遅きに失したと言うしかありません。

フェミニズムとヒューマニズム

DVと虐待の分断は日本だけではありません。二〇〇四年、内閣府男女共同参画局のDV加害者更生に関するワーキングチームの一員として、カナダを視察しました。その際、深く印象づけられたのは、DVと子ども虐待の専門家との間には深い溝があることでした。あるカナダの専門家がアメリカで研修講師を担当したときの経験をこう語っています。

「大勢の聴衆がいたのですが、まんなかの椅子だけが一列空いているんです。向かって右側は虐待の関係者、左側はＤＶの関係者ときれいにふたつに分かれていました」

この話から、各国の専門家が分断の克服をめざして努力・工夫を積み重ねていることを知りました。虐待被害者である子どもは無垢で無力な存在であり、おまけに親を選んで生まれてきたわけではないのです。それに比べると、ＤＶ被害者女性は夫とは合意のうえで結婚しているのだし、彼女たちには選択した責任があり、逃げる自由もある、それに夫婦は「対等」のはずだから、あそこまで殴られるには妻にも悪いところがあるのだろう――これがいわゆる常識的な判断であり、「被害者有責論」(被害者にも落ち度があった)につながっていく考えです。

虐待は子どもの無力さゆえに圧倒的正義としてのヒューマニズムを喚起し、一方でＤＶは、ジェンダーの視点にもとづく夫婦間の力の非対称性と不平等性を前提としています。このことがしばしば現場では、母親の被害と子どもの被害のどちらを優先するかという意見の食い違いを生むのです。

目黒の虐待死事件の裁判では、ＤＶ被害者でもあった母親に対して、父親の虐待から子どもを守らなかった責任が問われ、八年の懲役の判決が下されました。ＤＶ被害を考慮すべきという専門家の意見は、判決に際してあまり影響を与えなかったのです。おなじ家族で起きているにもかかわらず、ヒューマニズムとフェミニズムを巡る齟齬を見せつけられる思いでした。

3　家族における「法」——定義権を奪い返す

正義を巡る暴力

ＤＶ男（夫）という表現でイメージされる姿は、私がプログラムやカウンセリングで会う実際の男性たちから程遠いものです。彼らが依拠しているのは、実は正義なのです。自分の正義に従わない妻が間違っている、方法はまずかったかもしれないが「正義は我にあり」と考えているのです。「俺を怒らせるな」という不思議な言葉は、怒った自分ではなくそうさせた相手が悪いという究極の他責語ですが、自分が正しいと信じて疑わないからこその発言でしょう。

家族に寄せる幻想・衝迫の強さは、社会における不遇に比例して強くなります。二事件の加害父たちは、ともに仕事では不遇でした。「家族だけは、妻だけは自分の言う通りになるはずだ、それこそが結婚だし夫婦じゃないか」と彼らが思ったとしても不思議ではありません。社会で挫折して力を奪われた男性が、有力感・自信を再確認できるたったひとつの場所として家族（妻と子ども）が位置するのです。統率し、思い通りにすることが自分の力の証しとなるからです。彼らがあそこまで家族に執着した背景はこのようなものではなかったかと思うのです。

野田の虐待死事件の被告（父）は、最後まで法廷で虐待を否定しました。おそらく彼は「正義を行使しただけだ」と考えていたに違いありません。娘がそれに従わなかったから懲罰を与えたのだ、と。血も涙もないという批判は一面的に過ぎず、「自分こそが家族における法だ」という彼の考えこそ、批判されるべきなのです。

ＤＶ被害者への誤解

ある行為をどう定義するかを「状況の定義権」と呼ぶのですが、それこそが権力そのものであると哲学者Ｍ・フーコーは述べています。ふたりの父親は、家族という状況の定義権は自分にあると信じて疑わなかったわけですが、一方で妻は何を感じ、考えていたのでしょう。

あまり知られていないことですが、ＤＶ被害者である女性は、最初から自分を被害者としてとらえているわけではありません。夫の扱いが下手だったと自分を責めたり、私なんかが被害者って言っていいのかとうしろめたさを感じたり、配偶者選択の誤りを認めるなんてみじめでつらいという人もいるのです。彼女たちの姿から浮かび上がるのは、責任という二文字です。

俺を怒らせるなという言葉は、妻が○○だから怒らざるをえないという責任転嫁を伴います。妻はその責任を引き受けて、いつのまにか夫を怒らせないことが目標となり、それに向かって努力するのが妻としてのプライドになったりするのです。しかしそれらを定義し、思考や行動の判断基準を掌握しているのは夫です。「夫の機嫌は私しだいだ」という過剰なまでの責任意識が植えつけられ、最終的には「私が悪い」と思う妻たち——。ＤＶの影響は、体の傷よりも、すべてが自分の責任になってしまう彼女たちの考え方にこそ顕著に表れるのです。

被害者という自己の再定義は、暴力の責任は一〇〇パーセント加害者にあることを意味し、責任意識から彼女たちを解放するパラダイム転換です。

ＤＶ被害者グループに参加している夫と別居中の女性は、半年も会っていないにもかかわらず、「きっと夫は納得していないと思います」と語るのです。この言葉から、すべてにおいて夫の許可や納得が必要だという生活の名残から、なかなか自由になれないことがわかります。

その一方で、毎日、繰り返される夫による尋問への説明力を磨いてきただけあって、彼女たちは実に論理的で隙のない話し方をします。かわいそうで弱々しいというステレオタイプなＤＶ被害者像は誤解の産物なのです。

妻を支配するための洗脳

結婚と同時に、彼らは状況の定義権を妻から奪うこと（妻に許さないこと）に腐心するのです。いや、楽しみながらそれを行なうと言ってもいいでしょう。植物にたとえれば、妻の育ってきた土壌から根っこを抜き、自分と同じ鉢に移植する作業に似ています。根っこを抜くために有効なのは、否定し、罵倒することで、それまで妻の依拠していた自信を破壊し、打ち砕くことです。身体的暴力はそのためのひとつに過ぎません。根っこを引き抜いてしまえば、あとは自分の植木鉢のルールに従って育てるだけです。

これはあらゆる洗脳に共通のプロセスです。かつての新入社員研修も、新興宗教の勧誘も、これまでの価値観をいったん捨てさせて新しい価値観を植えつけることを目的としています。突然殴られ（怒鳴られ）、わけがわからないままに否定され、ときには出ていけ（出ていく）と言われる――この唐突な混乱こそ、根を抜くチャンスなのです。無防備で混乱した妻に、夫である自分だけが正しい、自分以外の世界を信じるなという考え方を植え込むのです。

しばしば被害者が夫から逃げられない理由は「無力化」されたからだと説明されますが、根っこを抜かれて移植された夫の定義によるワールドだけが彼女たちの世界なのであり、それ以外は存在しないと信じ込んでいるから逃げないのです。こうした「自発的服従」によって支配が貫徹されるのです。

DV被害者支援とは～複雑性トラウマ障害

ＤＶ被害者グループに参加している女性たちは、夫と同居・別離・離婚・調停や裁判中とさまざまですが、周期的に恐怖や不安に襲われるのは共通しています。不眠やうつ状態はもちろん、なかには夫の言葉を思い出すと脛の毛細血管がプチプチと音を立てて切れるといった症状、慢性疼痛、夫から殴られた部分が痛むという訴えも見られます。そして彼女たちの八割が精神科を受診しているのです。

別居や離婚で夫から離れてから、このような症状（ＣＰＴＳＤ＝複雑性トラウマ障害）が出現することはあまり知られていません。危険な状況を脱して安全な場所に移ってから、トラウマによる症状が噴出するのです。東日本大震災や阪神・淡路大震災でも、半年を過ぎたあたりから多くの被災者が不調を訴え始めたことがわかっています。渦中にいるときはとにかく生きるために必死なのですから、トラウマ症状が出現するのは安全が確保できた証しとも言えるのです。ＤＶ被害者支援の専門家はこのしくみをよく知っているはずです。

その一方で、時間が経てば植え込まれた夫の視点から自然に離脱できるわけでもないのです。そのためには自らの経験を再定義する言葉の獲得が不可欠であり、それがグループの最大の目的となるのです。夫の正義に対抗するには、もっと普遍的な正義、つまり「暴力」が必要となるのです。夫の行為を「暴力」でありＤＶとして再定義することで、定義権を夫から奪い返すことができるのです。

何より必要なものは、「知識」です。そのためには本を読み、言葉を獲得することが欠かせません。

権力や支配の構造という視点がなければＤＶを理解することはできないからです。頑張って夫と別居し、弁護士と契約して離婚調停に臨んだとしても、経験してきたことを再定義できなければ、容易に足元は崩れ去ってしまいます。夫の語る正義からの離脱は極めて知的な作業なのです。

4　ＤＶ・性暴力・家族――コロナ禍のなかで

構造的暴力とジェンダー

フェミニズムを貫くのがジェンダーの視点です。近年、第三波・第四波と言われるほどフェミニズムは若い女性から新たな関心をもたれています。男女平等指数において二〇二〇年は一五三ヵ国中一二〇位という惨状が、日本で女性として生きることの困難さが増していることの背景にあるのではないか――。ＤＶの背景には、現在もなお女性があらゆる点で弱者であるという現実が横たわっているのです。

オリンピック競技が男女別であるように、もともと身体的条件が大きく異なるふたりがいっしょに暮らすのが結婚です。夫婦ゲンカという言葉の詐術は、あたかもふたりが対等であるかのように思わせる点にあります。

男女の不平等性や力の非対称性を前提とした「構造的暴力」がＤＶであるとすれば、性暴力も同じです。多くの男性にとってこのふたつは、加害者として糾弾される居心地の悪い問題かもしれません。組織の抱える問題がセクハラ告発から一気に表面化するように、コロナ禍の家族の諸問題もＤＶという切り口から見えてきます。顔を合わせないようにしてなんとかやり過ごせていたものが、ステイホームの時間が増えることでまるで伏流水が地表にあふれるように、臨界点を超えて顕在化する暴力もあるでしょう。

近年、男性性を問い直す気運が若手ライターから次々と誕生していますが、これは先に述べたフェミニズムの盛り上がりと表裏一体ではないでしょうか。政治権力のように自ら勝ち取ったわけでなく、男として生まれて結婚すれば「当たり前」に付与される構造的な力を自覚することが、ＤＶを減少させるためには欠かせないのです。

ステレオタイプの理解を覆す

ＤＶは殴ることだというステレオタイプな理解によって不可視にされるものがあまりにも多いのです。いつのまにかつくられたイメージを反転させないとＤＶの全体像は見えないとも思うのです。未来を担う子どもたちへの影響にまでは言及できませんでしたが、家族が安心・安全な場であるためには、父と母の関係性こそが鍵となることを強調したいのです。コロナ禍は、家族の問題が限界を超えるのを加速させることでしょう。その影響はもっとも弱い存在を直撃するはずです。

ＤＶという家族の根幹を揺るがす問題の一端を理解していただければと願っています。

あとがき

本書は、五〇歳だった私が生まれて初めて書いた記念すべき二冊の本の、二五年後の新版です。刊行されてから四半世紀が過ぎた本を、装いも新たにしてこうして刊行できるのがどれほど幸いなことかを考えています。古典とはいつまでたっても古びないものを指しますが、本書もプチ古典化しているのかもしれないと、正直うぬぼれた気持ちにもなります。

一九九六年は、ＡＣブームと言われるほど、アダルト・チルドレンという言葉がメディアでもてはやされました。テレビで特集を組んだり、週刊誌の車内広告にもＡＣやアダルト・チルドレンという言葉が躍ったのでした。

それに伴って、毎日のように読者から封書で感想が届きました。それが一年以上にわたってつづき、感想の手紙が段ボールに二箱にもなったのです。年齢もさまざまで、一〇代から七〇代までの読者が思いをつづってくださったのです。

共通していたのは、「これまで誰にも言ってはいけないと思っていた」「こんなことは自分の甘えだ、ゆがみだと思っていたが、自分がＡＣだとわかって初めて言葉にしました」といった言葉でした。

そこには壮絶な虐待経験や、心理的な親からの支配の数々がびっしりと書かれていたのです。

もうひとつ、専門家の反応について述べておきたいと思います。

多くの評論家やメディアに登場する学者のACに対する姿勢は、批判的なものがほとんどでした。一部の精神科医は、診断は医者がするものなのに、自分でACと判断する患者が増えていると嘆きました。なかには親に責任を負わせて親のせいにすることは、自立を阻害するのではないか、甘えを助長するのではないかという意見もありました。

臨床心理学の研究者や臨床心理士といった同業者は、ほとんど関心を示さないか無反応でした。その人たちは、今でこそトラウマ研究・治療に熱心に取り組んでいますが、当時は虐待に対して、もしくはDVに対しても積極的に取り組むことはなかったのです。

このような現実の厳しさを前にして、私を支えてくれたのは当事者である人たちでした。支えてくれたというのはあくまで私の実感であり、その人たちにとってはACという言葉が唯一自分の経験を肯定してくれたのであり、それまでの苦闘の人生に意味を与えてくれただけだったのかもしれません。

一九九五年一二月から開始した女性だけのACのグループカウンセリングは夜間に実施しました。昼間働いている女性たちにも参加できるようにと、私が設定したのです。現在はコロナ禍によって、オンラインで夜の八時から実施しています。

専門家の間に理解者が少ないことは残念ではありましたが、そのぶんグループカウンセリングに参加する人たち（当事者の女性たち）とのつながりは濃密で得がたいものでした。

そこで見聞きした経験や一九八九年からのカウンセリング経験が、本書の元となった『「アダルト・チルドレン」完全理解——一人ひとり楽にいこう』（三五館、一九九六年）と『コントロール・ドラマ——それは「アダルト・チルドレン」を解くカギ』（同、一九九七年。→『「アダルト・チルドレン」実践編——家族に潜むコントロール・ドラマ』（同、二〇〇一年）と改題して刊行）の執筆につながりました。

またグループカウンセリングで感じたこと、なかでも母の存在について考えたことが結実したのが『母が重くてたまらない――墓守娘の嘆き』（春秋社、二〇〇八年）でした。

この三冊を書かなかったら、そしてACのグループカウンセリングを実施していなかったら、墓守娘という言葉も誕生しなかったでしょう。それがきっかけで母娘問題が表面化し、東日本大震災以降の毒母・毒親という言葉につながっていきました。

そして本書『アダルト・チルドレン――自己責任の罠を抜けだし、私の人生を取り戻す』では最終章として、パンデミックの今、コロナ禍で思うことをまとめたものを追加しました。いまだ先が見えない感染状況ですが、やはりそのことに触れずにはいられないと思ったからです。また、DVについて広く一般の人たちに知っていただくために、文芸誌に掲載した一文も手を加えた上で補章として再掲しました。これによって家族についての理解がさらに立体的になることを期待しています。

こうやって現在に至るまでの系譜を追うと、二五年を経て新版が刊行されることの意味を再認識する思いです。

実は本書の企画段階から執筆完了までに、かなりの時間を要しました。

その理由は二五年の歳月の間に起きたさまざまな変化にあります。そのまま出版するわけにはいかない、ここも書き換えなければならない、といった点があまりに多かったのです。一時は全部書き直そうかとも思ったほどです。

しかし途中で考えが変わりました。どうしても書き換えなければならなかった点もありますが、何度も読み返すと、あちらこちらに当時五〇歳だった私の初々しさ（?）があふれていて、思い切ってそのまま残すことにしました。文体など、少し不統一な部分があるかもしれませんが、その点はご容赦ください。

念のために、現時点で変更を要した点を次に挙げておきます。

①トラウマについて

当時のトラウマに関する私の忌避感は、二一世紀になってからのトラウマ研究やトラウマ治療法の発展によって大きく変わりました。ＰＴＳＤ、複雑性ＰＴＳＤに関しても、精神医学や臨床心理学では無視できないほどになっています。その点から読み返すと、九〇年代の半ばに書かれたにもかかわらず、すでにＰＴＳＤに関しての解説書のような内容となっていることに、誇りすら感じます。

②近代家族などをはじめとする社会学・女性学の視点

九〇年代の終わりからの一時期、大学院における女性学のゼミを聴講することで大きく家族観が変わりました。何より家族における「権力構造」という視点を得たことは、それまでのシステム論的家族観を転換させることになりました。

③ＤＶ（ドメスティック・バイオレンス）に関するカウンセリング経験

ＤＶという言葉が日本で使用されるようになった一九九五年と本書の元となる書籍の刊行はほぼ同時期でした。二〇〇〇年代からＤＶ被害者のグループカウンセリング、さらにＤＶ加害者プログラムなどに関わり、ＤＶ被害母子のプログラムにも参加する機会を得ました。これらの経験から、共依存という言葉を限定的に使用しなければならないことを学んだのです。

以上三点は、本書の元となった前掲の二冊を執筆したころにはまったくなかった視点でしたので、今回新たに書き加えたり修正をすることにしました。もうひとつつけ加えるなら、④機能不全家族という言葉は現在は使用しない、ということでしょうか。どこかに機能十全な（完全に機能する）家族があるというのは誤解であり、そんな幻想を抱かせる言葉は、犯罪的であるとすら今は考えているからです。

しかし、基本的な姿勢は当時からまったく変わっていないことを再確認させられたのは、何よりうれしいことでした。

日本で初めて「私は親から被害を受けました」と公言することを容認したのがＡＣです。日本の家族史というものがあるとすれば、ＡＣ（アダルト・チルドレン）はひとつの画期的な意味をもたらすでしょう。このひとことは、それまでは決して許されることがなかったからです。

最後になりましたが、最初の執筆時から、そして現在に至るまでカウンセリングでお会いしてきた数え切れないほどの人たちにお礼を言いたいと思います。あなたたちの言葉をずっと聞いてきたから、本書を書くことができました。

そして学芸みらい社の編集者・小島直人さんには、長期にわたりお待たせしたお詫びと同時に、二五年の時を経て新版を刊行できる機会を与えていただいたことに心より感謝します。

二〇二一年七月　長びく梅雨の灰色の空を眺めながら

信田さよ子

【第10章・補章／初出一覧】　※本書再録にあたり、加筆・修正

■第10章「そして、今——パンデミックのなかで」

初出……『精神看護』二〇二〇年七月号、三一五〜三一九頁、医学書院

原題……「実録その2：カウンセラーという職業の場合」

■補　章「ドメスティック・バイオレンス——日本で女性として生きるということ」

初出……『群像』二〇二〇年一一月号、三〇二〜三〇九頁、講談社

原題……「論点：ドメスティック・バイオレンス」

［著者紹介］

信田さよ子（のぶた・さよこ）

1946年、岐阜県生まれ。公認心理師・臨床心理士。原宿カウンセリングセンター顧問。お茶の水女子大学文教育学部哲学科卒業、同大学大学院修士課程家政学研究科児童学専攻修了。駒木野病院勤務、CIAP原宿相談室勤務を経て、1995年に原宿カウンセリングセンターを設立。日本公認心理師協会理事、日本臨床心理士会理事などもつとめる。
親子関係・夫婦関係の問題、人間関係の悩み、摂食障害、アダルト・チルドレン、ドメスティック・バイオレンス、子どもの虐待、親への暴力、性暴力、不登校、引きこもり、子育ての悩み、アディクション（アルコール・薬物・ギャンブルなどの依存症）、さまざまなハラスメント、PTSD、LGBTQ、生き方の悩みなどのカウンセリングを行なっている。
『母が重くてたまらない――墓守娘の嘆き』（春秋社）、『DVと虐待――「家族の暴力」に援助者ができること』（医学書院）、『加害者は変われるか？――DVと虐待をみつめながら』（筑摩書房）、『依存症臨床論――援助の現場から』（青土社）、『後悔しない子育て――世代間連鎖を防ぐために必要なこと』（講談社）、『家族と国家は共謀する――サバイバルからレジスタンスへ』（KADOKAWA）など、著書多数。

ヒューマン フィールドワークス

アダルト・チルドレン
自己責任の罠を抜けだし、私の人生を取り戻す

GAKUGEI MIRAISHA

2021年10月25日　初版発行
2022年 3月10日　第2版発行
2023年 4月20日　第3版発行

著　者　信田さよ子
発行者　小島直人
発行所　株式会社 学芸みらい社
〒162-0833 東京都新宿区箪笥町31番 箪笥町SKビル3F
電話番号 03-5227-1266
https://www.gakugeimirai.jp/
E-mail : info@gakugeimirai.jp
印刷所・製本所　シナノ印刷株式会社
装幀／目次・章扉デザイン　芦澤泰偉
本文デザイン　星島正明

落丁・乱丁本は弊社宛てにお送りください。送料弊社負担でお取り替えいたします。

ISBN978-4-909783-83-7 C0011